미래 인재로 키우는
우리 아이 10년 프로젝트

미래 인재로 키우는

우리 아이
10년 프로젝트

공병호 · 김난희 지음

21세기북스
www.book21.com

"여행은 나이 든 사람들에게는 하나의 경험에 불과하지만,
나이 어린 사람들에게는 최고의 교육이 된다."

_프랜시스 베이컨

좋은 부모 되기도 배워야 한다

좋은 부모 되는 방법을 배우고 난 다음에 부모가 되는 사람은 없다. 다시 말하면 결혼을 하고 자식을 낳아 키우면서 이런저런 시행착오를 경험하게 된다. 큰아이를 키우면서 더 많은 실수를 경험하게 되고, 둘째아이는 실수를 조금 덜 하게 된다. 그래서 어느 집을 들여다보더라도 부모는 첫째아이에게 약간의 미안함을 갖는 경우가 많다.

저자 또한 마찬가지다. 둘째아이의 교육이 마무리될 즈음에야 '아, 예전에 이런 것들을 미리 알았더라면' 하고 아쉬워했기 때문이다. '셋째는 더 잘 키울 수 있을 텐데'라는 아쉬운 마음을 갖는 사람도 있을 것이다.

그러나 자식 농사는 한 시즌 동안 행하는 장사와 같은 것이다. 시즌이 끝나고 나면 그만이다. 후회가 들더라도, 아쉬움이 남더라도 다시 되돌리기 힘들다.

저자의 전작들인 『영어만은 꼭 유산으로 물려주자』(21세기북스)와 『10년 후 성공하는 아이, 이렇게 키워라』(주니어김영사) 등과 같이 부모가 읽을 수 있는 책을 저자가 꾸준히 쓰는 이유는 '아이 키우기의 시행착오를 줄일 수 있었을 텐데' 라는 아쉬움 때문이다. 부모를 위한 책들을 써낸 이후 나는 지난 2~3년 동안 전국에서 많은 초청강연을 해왔다. 나를 강연자로 부른 이유는 경제나 경영 분야처럼 현실 세계를 다루는 지식인들 가운데 어린이나 청소년을 위한 책이나 자녀교육서를 꾸준하게 펴내는 사람이 거의 없기 때문이다. 그만큼 제시하는 방법도 교육학이나 영문학을 전공한 분들에 비해서 상대적으로 실용적이고 구체적이다.

이 책은 아이들을 미래 인재로 어떻게 준비시킬 것인가라는 주제를 다루고 있다. 강연장에서 자주 나오는 질문이자 부모님들이 궁금해하는 것들 가운데 하나가 아이들이 성장해서 자신의 삶을 개척해가는 시기는 과연 어떤 인재를 요구하는 시대가 될 것인가라는 부분이다. 그리고 그때를 대비해서 아이들이 한창 성장하는 동안 부모는 무엇을 해주어야 하는가이다.

이미 저자가 일반인들을 위한 책 『미래 인재의 조건』(21세기북스)을 써낼 당시부터 '부모님들을 위한 미래 인재의 조건과 준비' 를 다룬 책을 쓸 계획을 갖고 있었다. 제대로 된 자식 농사법도 배워야 한다는 것이 평소에 저자가 갖고 있는 강력한 믿음이다. 자식을 제대로 잘 키우는 일이 그냥 본능에 따라서 할 일은 절대 아니다.

이 책은 모두 다섯 가지 주제를 다루고 있다. 어떤 사람이 미래를 주도하는 인재가 될 것인가? 현재 여러분의 자녀는 어떤 상태에 있는가? 미래 인재는 무엇을 갖추어야 하는가? 미래 인재로 성장하기 위해서 부모는 무엇을 해주어야 하는가? 아이들은 스스로 어떤 노력을 기울여야 하는가? 이 다섯 가지 질문에 대한 답을 차근차근 정리한 책이라고 보면 된다. 그냥 아는 것에 그치지 말고 책을 읽으면서 줄을 그은 몇 부분을 조그만 카드에 정리해서 실천에 옮길 수 있었으면 한다. 그래서 여러분의 아이를 자신의 분야에서 우뚝 선 미래 인재로 키우는 경이롭고 흥미진진한 프로젝트가 꼭 성공할 수 있기를 기원한다.

2008년 8월 _ 공병호 · 김난희

○● **3장** ○●

미래 인재에겐 어떤 능력이 필요한가?

○● **4장** ○●

아이를 바꾸려면 부모가
먼저 달라져야 한다

오늘 배울 것을 내일로 미루지 말고,
올해 배울 것을 내년으로 미루지 말라!
해와 달은 가고 세월은 나를 기다리지 않으니,
오호, 늙어 후회한들 이 누구의 허물인가?

소년은 늙기 쉽고 학문은 이루기 어려우니,
잠시라도 시간을 가볍게 여기지 말라!
연못가의 봄풀은 아직 꿈을 깨지도 못하는데,
댓돌 앞의 오동나무 잎은 이미 가을 소리를 전하는구나!

_주자학 권학문勸學文 중에서

1장

누가 미래를
주도할 것인가?

유망하다고 불리는 직업들의 세계를 보라. 유망하다고 알려지는 순간, 너무 많은 사람들이 그 분야에 뛰어들기 때문에 금세 그 직업은 경쟁자들로 넘쳐난다. 유망한 직업을 찾아다닐 것이 아니라 당신이 특별해져야 한다. 당신이 어떤 분야에서 특별하게 할 수 있는 일이 무엇인지가 중요한 의미를 지니는 시대가 되어가고 있는 것이다. 특별한 것을 만들어내려면 그냥 열심히 하는 것만으로는 충분하지 않다. 자신의 재능을 찬찬히 살펴봐야 할 이유가 여기에 있다. 세상 사람들의 기준에 맞추어서 자신의 미래를 설계하던 시대는 서서히 저물어가고 있다.

로컬 인재로부터
글로벌 인재로!

미래 사회에 우리 아이들은 세계 시장을 무대로 활동할 수 있는 글로벌 인재global talents와 활동 범위가 한국 시장에 한정될 수밖에 없는 로컬 인재local talents로 나누어질 것이다. 물론 글로벌 인재에게는 로컬(내수용) 인재에 비해 비교할 수 없을 정도로 큰 기회와 후한 보수가 주어지게 될 것이다. 반면에 로컬 인재들의 활동 범위는 점점 좁아지게 될 것이다.

얼마 전에 열린 대종상 영화제에서 「세븐데이즈」의 김윤진 씨가 여우주연상을 거머쥐었다. 6년 전, 청룡영화제에서 「밀애」로 여우주연상을 수상한 뒤 두 번째로 받은 큰 상이다. 한편 지난 6년 동안 김윤진은 할리우드로 진출해 텔레비전 드라마 「로스트」에 출연하여 국제무대에서 명성을 얻었다.

김윤진은 애초에 미국에서 연극으로 연기활동을 시작했지만 먼저 우리나라에서 배우로 성공한 뒤 다시 할리우드로 진출해서 성공을 이루겠다는 야무진 꿈을 갖고 귀국한다. 「쉬리」로 이름을 알린 그녀는 일순간에 스타 반열에 들어서고 오래지 않아 「밀애」를 통해 여우주연상이라는 1단계 목표를 이룬다. 그리고 다시 할리우드로 진출한 그녀는 철저한 준비와 열정으로 「로스트」에 캐스팅되며 몸값을 올린다. 1회당 10만 달러(1억 원)를 받을 정도의 정상급 배우로 자리잡는 데 성공한 것이다.

「로스트」에 출연한 배우들의 출연료가 대부분 2~4만 달러에 걸쳐 있음을 고려하면 세계 시장에서 정상에 우뚝 선 사람들의 대우가 얼마나 파격적인가를 짐작할 수 있다. 국내의 출연료와는 비교할 수 없음은 물론이다. 그녀가 세계무대에서 활동할 수 있었던 비결은 연기력 이외에 영어 구사능력이 뒷받침되었기 때문이다. 김윤진만큼 연기력이 뛰어난 배우들은 국내에서도 얼마든지 찾을 수 있다. 하지만 그런 연기력을 세계 시장에서 드러내기 위해서는 영어 실력이 뒷받침되어야 한다.

경영자, 디자이너, 마케터, 기획자, 컨설턴트, 작가, 연설가 등 지식을 다루는 대부분의 업종은 언어를 매개로 한다. 한국어만 능통한 사람은 한국 시장을 벗어날 수 없을 뿐만 아니라 평생 동안 기회의 손실에 대한 안타까움과 아쉬움을 갖고 살아갈 수밖에 없을 것이다.

남의 생각으로부터
자기 생각으로!

어떤 분야에서든 세상 사람들이 미처 하지 못했던 독특한 생각을 해낼 수 있는 사람들이 크게 대우를 받는다. 자기 생각이 왜 중요한가? 남의 생각을 빌려오는 데 익숙한 사람은 남들이 한 것을 따라할 수밖에 없다. 이렇게 만들어진 상품이나 서비스는 남들도 다 할 수 있는 것과 '오십 보 백 보'인 것이다. 이런 상품이나 서비스가 고객에게 대단한 감동을 주기는 힘들다. 감동이 없는 상품이나 서비스에 대해서 누가 후한 대가를 지불하려고 하겠는가? 그런 상품에 대해서 누가 갈채를 보내겠는가?

그래도 지금까지는 모든 것이 부족한 시대였기 때문에 남들이 만든 것보다 약간만 잘 만들면 그럭저럭 선전할 수 있었다. 경제

성장기 동안 우리나라에서는 대부분 이런 방법으로 큰 성공을 거두었다. 돈도 벌 수 있었고, 승진도 할 수 있었고, 기업도 성장할 수 있었다. 그러나 이제는 훨씬 더 값싸게 그런 방법을 활용할 수 있는 나라들이 수없이 늘어나고 말았다. 상품, 서비스, 그리고 지식 등 모든 것이 풍부한 시대를 주도하는 인재는 더 이상 남의 생각을 빌리는 데 익숙한 인재가 아니다. 새로운 환경은 자신만의 독보적인 생각에 익숙한 인재를 요구한다.

독창적인 자기 생각을 할 수 있는 사람들이 미래 사회를 주도하게 될 것이다. 애플의 스티브 잡스를 보라. 수많은 기업들이 MP3를 출시하는 치열한 시장에서 그들과 뚜렷하게 차이가 나는 특별한 아이디어로 출시한 아이팟은 한 시대를 대표하는 아이콘으로 자리를 잡았다. 아이팟에 특별한 기술이 있는 것은 아니다. 그러나 그동안 사람들이 볼 수 없었던 심플한 디자인과 아름다움을 가미하고, 여기에다 독보적인 마케팅력을 더함으로써 이 시대를 대표하는 상품을 만들어내는 데 성공하게 되었다. 아이팟의 매출이 애플사 전체 매출의 50퍼센트를 육박하는 데는 애플 창업자이자 아이팟 성공의 주역인 스티브 잡스의 독창적인 사고가 결정적인 역할을 했다.

이런 시대적 추세를 알아차린 세계의 각 나라들은 시대의 변화에 맞추어 교육정책을 바꾸기 위해 노력하고 있다. 바로 창의적 사고 능력을 갖춘 인재를 배출하는 교육이다. 독창적인 자기 생각을 할 수 있는 힘을 키우기 위해서는 기존의 지식을 배우고 익혀서 든든한 토대를 구축하는 일이 필수적이다. 자기 생각이란 것이 그냥 나오는 게 아니기 때문이다. 하지만 이는 필요조건일 뿐이다.

자기 생각을 할 수 있는 사람에게 좋은 교육이란 필수적인 과정이지만, 기존의 지식을 배우는 과정이 자기 생각을 하는 힘을 키워주는 것이 아니라는 점은 분명하다. 이는 자신만의 고유한 사고 방법이나 학습 방법을 만들어낼 때 가능한 일이다.

어중간함으로부터
차별화로!

 어두컴컴한 지하철역에서 음악을 틀어놓고 춤 같지
도 않은 춤을 추던 아이들이 있었다. 어른들은 대부분
혀를 끌끌 차며 손가락질을 했다.

"도대체 뭐 하는 짓인지 모르겠어. 저것도 춤이라고……."

그런데 그 아이들은 오래지 않아 대한민국의 이름을 세계에
알리는 비보이가 되었다. 텀블링을 넘고 헤드스핀을 돌던 이 아
이들의 손끝, 발끝에서 브레이크댄스는 예술이 되고 산업이 되
었다. 친구들이 화려한 클럽에서 디스코를 추고 테크노를 출 때
어른들의 힐난에 아랑곳하지 않고 헬멧을 쓴 채 차디찬 길바닥
에서 춤추던 바로 그 아이들의 이야기다. 특히 비보이 그룹 갬블
러는 독일, 미국, 프랑스, 영국 등 세계적인 대회에서 연이어 우

승을 차지하며 현존하는 비보이 그룹 중 가장 많은 우승 기록을 보유한 팀으로 부상했다.

그들이 성공한 이유는 단 하나다. 남들이 뭘 하건, 남들이 뭐라고 하건 자기가 좋아하는 일, 자기가 잘할 수 있는 일에 자기 자신을 쏟아부은 것이다. 경제적인 보상도, 직업의 미래도 생각지 않고 그저 자신이 몰입할 수 있는 그 일에만 매진했기에 성공에 이른 것이다. 하지만 지하철역에서 춤을 출 때만 해도 이들에게 보장된 건 아무것도 없었다. 언젠가 경지에 올라 성공하리란 보장도, 그 일을 직업으로 삼을 수 있으리란 생각조차 못했을 것이다. 그저 그 일을 좋아하고, 그 일을 하는 자신을 좋아했기에 그렇게 미치도록 열심히 한 것뿐이다.

이제 상품이든 지식이든 정보든 정말 흔한 세상이 되어버렸다. 앞으로 이 같은 경향은 더욱더 심해질 것이다. 남들도 할 수 있는 평범한 일이나 어중간한 상품이나 서비스, 지식을 만들어내는 사람이나 기업은 제대로 된 대우를 받기 힘들다. 어떻게든 특별해야 한다. 여러분의 상품이나 서비스, 그리고 지식을 구입하는 고객들의 입에서 '와, 정말 대단하다!' 라는 탄성이 나올 수 있게 만들어내야 한다. 그렇지 않으면 기회는 고사하고 치열한 경쟁에 휩쓸려 제대로 대접받기 힘들다. 물론 삶 자체가 피곤해질 것이다. 평범한 것을 만들어내는 사람이나 기업은 이제 흔하디흔한 것이 되어버렸기 때문이다.

유망하다고 불리는 직업들의 세계를 보라. 유망하다고 알려지는 순간, 너무 많은 사람들이 그 분야에 뛰어들기 때문에 금세 그 직업은 경쟁자들로 넘쳐난다. 유망한 직업을 찾아다닐 것이 아니라 당신이 특별해져야 한다. 당신이 어떤 분야에서 특별하게 할 수 있는 일이 무엇인지가 중요한 의미를 지니는 시대가 되어가고 있는 것이다. 특별한 것을 만들어내려면 그냥 열심히 하는 것만으로는 충분하지 않다. 자신의 재능을 찬찬히 살펴봐야 할 이유가 여기에 있다. 세상 사람들의 기준에 맞추어서 자신의 미래를 설계하던 시대는 서서히 저물어가고 있다.

미래 사회에서는 다른 사람이 갖고 있지 않은 장기나 장점을 살려 나만의 것을 만들어야 성공할 수 있다. 다른 사람과는 분명하게 차별화되는 재능을 갖고 있다면 그것이 무엇이건 성공할 수 있는 토대가 된다. 미래 사회는 한 명의 1등보다 개성을 갖춘 다양한 사람을 필요로 하기 때문이다. 사업가들이 비즈니스를 할 때 신상품을 만드는 것처럼 개인도 자신의 가치를 차별화하고 자기만의 신상품을 만들어야 한다. 차별화된 나만의 브랜드, 차별화된 나만의 상품과 서비스, 바로 그것이 미래 사회에서 성공을 보장해준다.

수동적이지 않고
주도적으로!

이제까지는 경력의 로드맵, 혹은 인생의 로드맵이란 것이 존재했다. 공부를 마치고 나면 이런저런 길을 거쳐서 최종적으로 어디에 이른다는 것을 어느 정도 그림으로 그릴 수 있었다. 그러나 우리 아이들의 시대는 그런 모범 답안이 존재하지 않을 것이다. 출발점이 어디이건 간에 스스로가 어떻게 자신의 경력을 관리해 나가느냐에 따라서 정말 다양한 길이 펼쳐지게 될 것이다. 게다가 개개인의 성과를 측정하는 방법들이 발전하기 때문에 잘하는 사람과 그렇지 못한 사람들 사이에는 커다란 간격이 생겨나고, 그런 간격은 시간이 흘러가면서 더욱 확대될 것이다.

저마다 마치 퍼즐게임을 하듯이 자신의 지식, 경험, 그리고 재능을 잘 짜맞추어 가면서 계속 최적의 길을 찾아나가야 한다. 이런 시대에 누가 승자가 될 것인가? 그 주인공은 스스로 찾아가려는 의지를 갖고 주도적으로 행동하는 사람들일 것이다.

자기 자신이 주도적으로 무엇인가를 해나가는 데 익숙한 사람들 앞에는 대단한 기회를 만들어갈 수 있는 멋진 시대가 펼쳐질 것이다. 주도적인 사람들은 '사람의 능력은 자기 자신도 잘 모른다'라는 문장을 뼈저리게 체험하는 사람들이며, 모든 것을 스스로 만들어가기 때문에 자신의 한계를 뛰어넘는 데 익숙한 사람들이다. 누군가가 정해놓은 길을 따라가는 데 익숙하거나 자신에게 주어진 일을 대충 해내는 데 만족하는 사람들은 뒤처질 수밖에 없다. '저 사람은 정말 주도적인 사람이다'라는 표현은 미래 사회에서 한 인간에게 주어지는 최고의 찬사 가운데 하나가 될 것이다.

아이들을 주도적인 사람으로 키우기 위해서는 일찍부터 자기주도적 학습을 하는 훈련을 시작하는 게 좋다. 자기주도적 학습이 중요한 것은 단순히 그런 능력이 학창 시절에 그치지 않는다는 점 때문이다. 그것은 굳건한 습관이 되어 한 인간이 세상을 향해서 지속적으로 가치를 만들어낼 수 있는 토대가 된다. '세 살 버릇 여든 간다'는 옛말대로 자기주도적 학습을 해본 아이들은 자신의 인생을 주도적으로 이끌어나가는 사람이 될 것이고, 이렇게 자라난 인재가 미래 사회를 주도하게 될 것이다.

경직됨으로부터
유연함으로!

우리 아이들이 살아갈 미래 사회는 리스크로 가득 찬 사회일 것이다. 물론 그 시대에도 안정적으로 살아 가는 방법은 얼마든지 있을 것이다. 출발부터 안정성이 어느 정도 보장되는 직업에 뛰어들면 된다. 하지만 그런 직종과 그렇지 않은 직종 사이에 보수의 격차가 날로 커질 것이다.

지금의 기준으로 보면 보수의 격차쯤이야 기꺼이 인정하고 안정을 선택하겠다고 생각할 수 있다. 하지만 우리 아이들이 살아 가는 시대가 되면 어느 정도의 리스크를 감당하면서 새로운 목표를 향해 도전하는 사람들이 누릴 수 있는 혜택과 그렇지 않은 사람들이 누릴 수 있는 혜택 사이에는 엄청난 간격이 발생할 것이다. 미래 사회에서 성공을 꿈꾸기 위해서는 그 시대에 맞추어 삶의 지형도를 꾸며야 한다. 시야, 안목, 태도, 마음가짐 등 거의 모든 면에서 지금의 기준에 경직된 사람들은 앞으로 다가올 변화의 급물살에서 적응하기가 쉽지 않을 것이다. 게다가 엄청난 스트레스를 감내해야 할 것이다.

하지만 크고 작은 변화에 문을 활짝 열어제친 사람들은 오히려 변화에서 큰 기회를 잡아낼 수 있다. 새로운 환경에 유연하게 적응하는 능력은 지금도 중요하다. 하지만 그 비중은 날로 더 커지게 될 것이다. 우리 아이들이 살아갈 시대의 변화의 폭과 속도는 지금과는 비교할 수 없을 것이기 때문이다.

KFC, 피자헛, 타코벨 등의 모기업인 얌브랜드를 경영하는 데이비드 노박은 자신이 좋은 대학을 나오지 않고 명문 경영대학원 석사학위MBA를 갖지 않고도 정상에 우뚝 설 수 있었던 요인을 한마디로 이렇게 이야기한다.

"나는 중학교 1학년 때까지 스물세 개 주에 있는 트레일러파크를 서른두 군데나 전전했다. 덕분에 나는 새로운 환경을 내게 가장 유리하게 활용하는 요령을 터득할 수 있었다."

바로 이런 능력이야말로 미래를 주도하는 인재의 공통된 특징이다.

2장

지금 우리 아이는
어떤 모습인가?

아이에게 뭔가 긍정적인 자극을 주고 싶다면 지금 우리 아이가 어떤 상태인지부터 정확히 알아야 한다. 즉 아이가 어떻게 자신의 생활을 가꾸어 가는지, 자기 자신을 바라보는 시각은 어떤지 등을 주의 깊게 살펴봐야 한다. 이때 기준이 되는 것은 아이가 미래에 대한 건강한 욕심, 즉 꿈이 있느냐다. **꿈은 아이들의 자아개념과 생활 태도를 좌우하는 가장 중요한 요소이 다.** 이것은 비단 아이들에게만 국한된 이야기가 아니다. 우리의 인생 자체가 꿈을 이루어가는 과정이 라고 할 수 있다. 그러니 꿈이 없거나 모호하다면 삶의 여정 자체가 흔들릴 수밖에 없다.

작은 어려움은 혼자서
이겨내겠다는 의지가 있는가

현대미술에 조금이라도 관심을 가진 사람이라면 거대한 자화상을 그린 캔버스를 무려 10만 개 정도의 작은 사각형으로 분해한 다음 각각의 사각형 안에 다시 사각형이나 원, 혹은 선이 반복해 그려져 있는 작품을 본 적이 있을 것이다. 동그란 안경을 쓰고 수염을 기른 자화상의 주인공이 바로 미국의 포토리얼리즘을 대표하는 극사실주의 미술가 척 클로스다.

그는 심한 난독증과 안면인식장애, 학습장애 등으로 어린 시절 학업을 지속할 수 없었다. 뿐만 아니라 화가로서의 삶을 선택한 뒤에도 척추혈관 손상으로 하반신이 마비되는 불운을 겪는다. 하지만 그는 작품 활동을 멈추지 않았고, 더욱 열정적으로 판화 제작에 몰두한다.

"나는 앞뒤 따지지 않고 한 가지 일에 매진해왔다. 고속도로에 올라선 채 거길 벗어나는 진출로를 찾아보려고도 하지 않았다. 나는 더 열심히 노력하고 헌신하고 작업에 몰두하는 것으로 스스로를 차별화했다."

자신의 장애와 질병을 이겨내고 예술 활동을 지속하기 위해 그가 얼마나 집중력을 발휘했는지, 자신을 추스르기 위해 얼마나 강인한 의지를 발휘했는지 단적으로 설명해주는 말이다. 그는 자기 스스로를 '경험이라는 음악을 편곡하는 사람'이라고 말하며, 지금도 손에 붓을 묶어서 작품 활동을 계속하고 있다.

얼마 전 성곡미술관에서 척 클로스의 전시회가 있었다. 어느 일요일 아침, 맨 처음으로 전시관에 입장한 나는 그의 작품을 둘

러보며 엄청난 감동에 휩싸였다. 그의 작품은 단순한 작품이 아니라 극도의 시련 속에서 한 인간의 불굴의 의지와 정신이 화려하게 꽃을 피운 결정체였던 것이다. 전시관을 둘러보는 내내 '인간이라는 존재는 어떤 상황에서도 자신의 운명을 개척할 수 있구나' 하는 생각이 머릿속을 가득 메웠다.

고난과 실패도 때로는 이렇게 좋은 약이 된다. 특히 성장기에 겪는 작은 실패는 아이들에게 아주 좋은 약이 된다. 실패와 좌절은 무엇보다 자기 자신의 한계를 재점검하는 계기가 되기 때문이다. 예상치 못한 순간에 부딪친 역경은 자기 자신에게 가지고 있던 근거 없는 자만을 털어내고 새롭게 무장하는 기회를 만들어준다. 그리고 고맙게도 난관에 굴복하지 않고 실패에 좌절하지 않는 면역력을 길러준다. 실패도 경험이기 때문에 그 안에서 극복의 기술을 익히게 되고 스스로 발전을 이루게 되는 것이다.

요즘은 대부분의 아이들이 시험문제에서 실수를 줄이기 위해 '오답노트'를 사용한다. 오답노트란 틀린 문제, 번번이 실수하는 문제를 적고 그 풀이법과 유형 등을 정리하는 노트를 말한다. 이 오답노트야말로 실수를 줄이고 시험점수를 높이는 데 가장 좋은 공부 테크닉이다. 실패에서 배운다는 명제를 이보다 더 분명하게 확인해주는 사례가 어디 있겠는가.

한 번도 실패하지 않고 자란 아이들은 난관에 부딪치면 금세 자신감을 잃어버린다. 나아가 자기 스스로를 비하하고 무기력감에 사로잡히게 된다.

"어떻게 내게 이런 일이 생길 수 있지?"

"내가 뭘 잘못했기에 나에게 이런 혹독한 시련이 온 거지?"

끝없는 자책이 꼬리를 물고 일어나며 자기 자신을 탓하게 된다. 그래서 발달심리학에서는 일부러 아이들에게 실패 경험을 제공하고 그것을 이겨내는 방법을 익혀나가게 하기도 한다. 실패를 스스로 이겨낸 아이들은 스스로에 대한 자신감과 믿음으로 충만하게 된다. 그래서 나중에는 더 큰 실패를 겪더라도 툭툭 털고 일어나 이겨내는 저력을 갖게 되는 것이다. 모든 고난에는 나를 더욱 크게 성장시킬 수 있는 열쇠가 숨겨져 있으며 언제나 그 뒤에 성공이 있다.

온실 속의 화초가 위험하다는 것도 같은 맥락이다. 부모가 모든 환경을 만들어주고 꽃을 피우기를 기다리지만, 꽃이 피려면 시간이 필요하다. 그 사이에 아이들은 바깥 세상을 경험해야 한다. 대학에 입학하면서 부모 곁을 떠나기도 하고, 유학을 위해 더 멀리 가기도 한다. 이때는 사사건건 부모가 돌봐줄 수 없고 그래서도 안 된다. 하지만 온실 속에서만 자라온 아이들은 갑작스레 다가온 낯선 환경에 쉽게 적응하지 못하고, 부모는 헬리콥터처럼 아이의 주변을 맴돌며 모든 문제를 해결해주려 한다.

이렇게 성장한 아이들은 성인이 되고 자신의 인생에 대한 결정권이 주어져도 그 권리를 행사하지 못하는 경우가 많다. 그냥

'어머니의 아들'로 남아 있으면 만사가 형통이니 무의식적으로 발달지연을 보이는 것이다. 요즘은 자녀의 취업 면접까지 따라다니는 부모도 많다던데 언제까지 아이를 끼고 살 수는 없지 않겠는가.

아이들에게 좋은 환경을 제공하고, 아이에게 닥친 어려움을 해소해주는 일보다 더 중요한 것이 아이가 자신에게 다가온 작은 어려움을 스스로 이겨내려는 의지를 갖게 하는 것이다. 아직 어린 아이들에겐 부모가 보호막이 되어주어야 하겠지만 부모가 일부러 나서서 길을 열어주어서는 안 된다. 그저 아이들이 조금씩 전진해갈 수 있도록 등불을 비춰주는 정도면 충분하다.

아이의 특성에 따라, 아이의 능력에 따라 달라지겠지만 아이에게 자신의 능력보다 조금 더 높은 도전 과제를 만들어주는 것도 좋은 방법이다. 시험점수나 성적도 좋고, 아니면 책읽기나 일기 쓰기 같은 것도 좋은 도전이 될 수 있다. 그러면서 적절한 보상을 제시하면 아이는 그것을 이루기 위해 온갖 방법을 동원할 것이다. 그러다 목표치에 도달하면 성공의 기쁨을 만끽할 것이고, 설령 이루지 못한다 하더라도 조금은 달라진 자신을 발견하고는 다시금 도전할 수 있는 힘을 갖게 될 것이다. 실패의 경험이 거듭된다는 것은 성공이 멀지 않았다는 뜻이다. 그것을 깨닫는 순간 아이들은 비약적으로 성장한다.

세상과 다른 사람에 대해
호기심이 있는가

초등학교 6학년인 창선이는 별명이 '호기심천국'이다. 어찌나 알고 싶은 것이 많고 궁금한 것이 많은지, 한번 자기 눈에 들어오면 절대 그냥은 못 넘어간다. 창선이의 이런 성격은 어릴 때부터 표가 났다.

창선이는 세 살 때 이미 한글을 뗐다고 한다. 일부러 가르치려고 했던 건 아닌데, 아이가 동화책을 펴들고는 자기 마음대로 지어서 읽는 것을 보고 한글을 가르쳐줬더니 하루가 다르게 실력이 늘었다. 또, 조립식 장난감이나 변신로봇 같은 걸 유난히 좋아해서 조립법을 스스로 터득하곤 했다. 창선이가 이런 능력을 보이는 건 자신의 궁금증을 자극하는 것에 대해서는 엄청난 집중력을 발휘해 몰입하기 때문이었다. 창선이는 얼마 전 과학 분야에 영재성을 갖고 있다는 판명을 받았다.

중학교 3학년인 미라는 조금 다르다. 미라는 사람에게 관심이 많다. 미라네 가족 중에는 친척들의 특성과 관계에 대해 미라만큼 정통한 사람이 없다고 한다. 식구들이 모일 때마다 미라는 사람들 사이에 오가는 대화에 귀를 기울이고 사람의 특성을 파악하는 데 즐거움을 느낀다고 한다. 미라에게 가장 즐거운 일은 지하철에서 사람들의 직업을 맞히는 일이다. 물론 맞는 경우도 있고 틀리는 경우도 있지만 미라가 사람들을 분석하는 방법을 보면 제법 구체적이다. 그 사람의 옷이나 신발, 가방, 액세서리 같은 외형부터 휴대전화 통화 내용, 움직이는 시간대, 표정 등을 총체적으로 종합해 유의미한 데이터를 추출해내는 것이다. 미라의 호기심이 앞으로 어떤 식으로 발현될지는 아직 미지수다. 하지만 내면과 세상에 대한 관심과 몰입은 내면의 폭을 넓히고 세상을 이해하는 데 큰 도움이 될 것만은 분명하다.

호기심은 인간이 새로운 자극을 내 것으로 만들기 위해 발현되는 최초의 자발적 의지다. 호기심은 인간 앞에 뭔가 새로운 것, 잘 모르는 것이 등장하면 바로 가동된다.

"저건 뭘까? 처음 보는 건데, 어디에 쓰는 물건이지?"

"저 사람은 누굴까? 왜 저렇게 슬픈 표정을 짓고 있는 거지?"

"왜 이런 일이 벌어지는 걸까?"

눈에 보이는 모든 것이 궁금하다. 특히 아이들에겐 신기한 것이 참 많다. 세상을 하나씩 배우고 알아가는 단계니 얼마나 신기하고 재미있는 일이 많겠는가. 아이들에게 일어나는 사고 중 상당수가 바로 이 호기심에서 시작된다. 엄마가 불 가까이 오지도 못하게 하는데, 얼마나 뜨겁기에 그러는 걸까? 종이에 불이 붙으면 어떻게 될까? 불장난을 하면 정말 밤에 오줌을 쌀까? 불만 보면 그런 생각들이 떠오르니 아이들 스스로도 어쩔 수 없이 사고를 치게 되는 것이다. 결국 종이에 불을 붙이거나 손으로 불꽃을 만져보게 된다.

하지만 호기심은 과학을 발전시키고 문화를 진보시키는 데 훨씬 더 많이 활용된다. 세계 최대의 식품회사인 네슬레의 대표이사이며 회장인 헬무트 마우허는 호기심의 가치에 대해 잘 알고 있는 사람이다.

"책임감 있는 경영인에게 기대하는 것은 호기심과 미래를 내다보는 준비성이다."

그는 이 한마디를 통해 호기심이 경영자에게 얼마나 중요한 덕목인지를 명료하게 보여준다. 이는 경영자에게만 한정된 이야기가 아니다. 정상을 향해 장애물을 헤쳐가려는 사람이라면 누구든지 무엇인가 궁금해하고 알아가려는 자질은 아주 중요하다. 호기심은 미래에 대한 안목과 준비성만큼이나 중요한 능력이다.

인류에게 호기심이 없었다면 우리는 지금 같은 문명사회에서 살고 있지 못할 것이다. 뉴턴이 사과가 떨어지거나 말거나 맛있

으면 그만이지 하고 생각했다면 우리는 아직까지도 중력의 실체
에 접근하지 못했을지도 모른다. 또 뉴턴의 역학을 송두리째 흔
들어놓은 아인슈타인의 상대성 이론을 완성한 것도 호기심이었
다. 아인슈타인은 끝없는 실험과 실패를 통해 질문을 던지고 이
론을 수정하며 호기심을 불태웠다. 그 역시 우리 생애 전반에 걸
쳐 호기심이 얼마나 소중한 역할을 하는지를 단적으로 설명하는
한마디를 남겼다.

"어제를 통해 배우고, 오늘을 통해 살아가고, 내일을 통해 희
망을 갖는다. 중요한 것은 호기심에 대한 열정을 멈추지 않는 것
이다."

아인슈타인은 인류의 진보와 발전에 호기심이 얼마나 큰 역할
을 하는지 분명하게 깨닫고 있었던 것이다.

과학 분야뿐만이 아니다. 우리는 세상과 사람에 대한 호기심
을 통해 모두가 함께 행복해지는 방법을 찾아간다. 내 가족이 어
떤 생각을 갖고 사는지부터 시작해 지구 반대편에 사는 사람들
은 어떤 음식을 먹고 사나 하는 문제까지, 호기심은 개인의 삶의
태도를 바꾸고 나아가 세상을 바꾸는 원동력이 된다. 호기심이
왕성하다는 것은 삶에 대한 태도가 적극적이라는 것을 말해준
다. 호기심이 중요한 것은, 그것이 지적인 것이든 감각적인 것이
든 바로 이런 이유에서다.

우리 아이는 어떤가? 사람과 세상에 대한 호기심을 갖고 있는

가? 아이가 보다 적극적으로 삶을 향유하고 발전적인 삶을 살아가는 데 호기심은 매우 중요한 역할을 한다. 매사에 시큰둥하고 도무지 관심을 가질 만한 일이 없다면 사는 재미도, 삶을 바꾸겠다는 의지도 일어나지 않는다. 물론 선천적으로 호기심이 왕성한 아이들도 있고 그렇지 않은 아이들도 있다. 아이의 성격과 스타일을 결정하는 데는 타고난 기질이 결정적인 역할을 하기 때문이다. 하지만 부모가 어떤 자극을 제공하느냐에 따라 달라질 여지는 얼마든지 있다. 아이에게 지적인 자극을 주는 질문을 자주 던지면 아이의 호기심을 불러일으키는 데 도움이 된다. 이런 일은 생활 속에서 얼마든지 실천이 가능하다.

"물이 끓으면 왜 양이 줄어들까?"

이 질문에 대한 답을 찾는 가운데 아이들은 비등점과 기화에 대해 배우게 될 것이다. 또 이런 질문도 가능하다.

"길가의 은행나무 중 은행이 열리는 나무는 어떤 것일까?"

아이들은 은행나무에도 암수가 있다는 것과 눈에 띄지는 않지만 꽃이 핀다는 것, 그 꽃은 바람에 의해 수분이 이루어지는 풍매화라는 것을 배우게 될 것이다. 이런 작은 호기심이 세상을 발전시키고 우리 아이를 변화시키는 것이다.

창의적으로 생각하고
아이디어를 낼 줄 아는가

마이크로소프트의 회장이었던 빌 게이츠는 일 년에 두 번, 일주일씩 집과 회사의 모든 일을 접어두고 혼자 만의 시간을 갖는다. 바로 생각을 하기 위해서다. 이것이 그 유명한 '씽크위크think week' 다. 그는 그 시간 동안 책을 읽고 회사의 중요한 문제들에 대해 집중적으로 생각한다. 말 그대로 몰입을 하는 것이다. 몰입은 복잡한 생각으로 가득 차 있는 머릿속을 완전히 비우고, 전혀 새로운 방법으로 문제에 접근해 창의적인 아이디어를 만들어낸다. 머리를 맑게 하고 창의력이 빛나게 하기 위한 노력인 것이다.

빌 게이츠에 앞서 PC 시대를 연 애플의 창업자 스티브 잡스도 자타가 공인하는 창의성의 아이콘이다. 그는 전세계 940명의

CEO를 대상으로 한 조사에서 '현존하는 CEO 가운데 가장 창의성이 높은 경영자'로 지목되기도 했다. 성장기나 기업의 설립, 운영의 과정은 빌 게이츠보다 훨씬 불운했지만 그의 창의적인 아이디어와 기술력은 빌 게이츠를 훨씬 앞서 있었다.

그는 '기존의 질서와 철저히 다른 새로운 것'의 가치를 높이 사는 사람으로 유명하다. 애플의 야심작 아이팟 하나만 놓고 봐도 창의적인 아이디어의 가치를 짐작할 수 있다. 뛰어난 조작성과 디자인, 아이튠즈를 통한 콘텐츠 유통 등에서 독보적인 경쟁력을 확보하며 전세계 MP3 플레이어 시장의 50퍼센트, 미국 시장의 70퍼센트를 점유하고 있으니 가히 기념비적인 발명품이라 해도 손색이 없을 정도다. 아이팟은 이제 단순한 디지털 기기가 아니라 MP3 플레이어의 대명사이자 디지털 세대를 대변하는 대표적인 문화현상으로 여겨지고 있다. 스티브 잡스는 이제 아이폰이라는 새로운 컨셉의 핸드폰으로 또 한 번 세상 사람들의 주목을 끌게 되었으니 참으로 대단한 인물이다.

세계적인 기업의 설립자이며 경영자인 이들이 창의성을 중요하게 생각하는 데는 다 그만한 이유가 있다. 간단하게 말하자면 창의적이지 않은 것은 더 이상 큰 가치를 낳기 어렵기 때문이다. 한마디로, 잘살고 다른 사람들로부터 존경을 받기 위해서는 어떤 분야에서든 창의적이어야 한다. 2001년 아이팟을 출시하면서 스티븐 잡스는 '아이팟이 아닌 다른 모든 제품들은 사라질

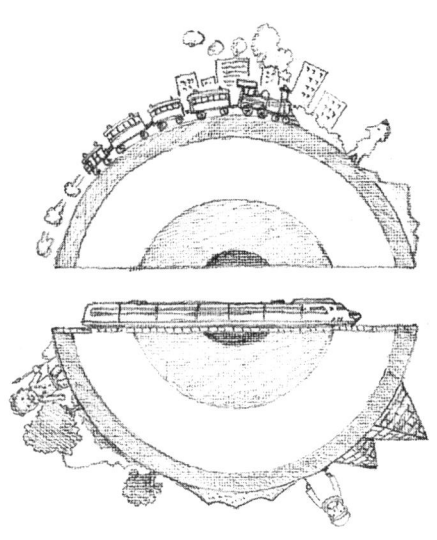

것'이라고 자신만만하게 말한 적이 있다. 과연 아이팟은 그의 호언장담대로 MP3 플레이어의 종주국이라 할 수 있는 우리나라 기업들의 위상을 크게 흔들어놓고야 말았다.

우리 아이가 창의적으로 생각할 줄 알고 아이디어를 낼 줄 아는지 점검해야 하는 이유는 바로 이것이다. 지금도 그렇지만, 미래 사회로 갈수록 창의적인 아이디어가 더욱 중요하게 요구될 것이다. 아이들의 창의성은 아주 사소한 상황에서도 드러난다. 똑같은 문제라도 자기만의 방법으로 풀어내고, 자신의 생각을 담은 글쓰기를 할 줄 아는 아이들은 이렇게 말한다.

"나라면 그렇게 안 하겠어. 이 방법이 훨씬 좋지 않아?"

비록 현실성은 다소 떨어지더라도 새로운 아이디어를 쏟아내는 아이들은 분명 남과 차별화되는 자기만의 길을 스스로 개척해나갈 것이다.

반면에 창의적 사고력이 부족한 아이들은 다른 사람의 의견에 잘 휩쓸린다. 뭔가 질문이 주어졌을 때 선뜻 대답을 못하고 있다가 누군가 옆에서 한마디 거들면 그것이 바로 자기 생각인 양 앵무새처럼 반복한다. 어른들도 마찬가지다. 시사적인 문제에 대해 아무런 의견도 갖지 못하던 사람이 신문 사설을 한 편 읽고 나면 그것이 마치 자신의 생각인 양 논평을 해대는 경우를 종종 본다. 하지만 이런 사람에게는 논리적인 근거가 부족하다. 이런 사람은 질문이 두 번, 세 번만 이어져도 답변을 못한다. 자기 생각이 아니니 근거를 댈 수 없기 때문이다.

미래 사회에서 필요로 하는 인재로 성장하려면 하나의 문제를 두고도 여러 각도에서 바라보고 생각할 수 있는 능력을 길러야 한다. 또한 창의적인 생각을 아이디어로 발전시키기 위해서는 인내심과 끈기, 보다 깊은 생각 속으로 몰입할 수 있는 집중력을 길러야 한다. 창의적인 생각과 그것을 구체적인 아이디어로 발전시키는 능력은 별개이기 때문이다. 창의적 발상은 창의적 사고 습관에서 비롯된다는 것을 기억하고, 아이가 창의적으로 생각하는 습관을 가질 수 있도록 도와주어야 한다.

미래에 대한
건강한 욕심이 있는가

아이에게 뭔가 긍정적인 자극을 주고 싶다면 지금 우리 아이가 어떤 상태인지부터 정확히 알아야 한다. 즉 아이가 어떻게 자신의 생활을 가꾸어 가는지, 자기 자신을 바라보는 시각은 어떤지 등을 주의 깊게 살펴봐야 한다. 이때 기준이 되는 것은 아이가 미래에 대한 건강한 욕심, 즉 꿈이 있느냐다. 꿈은 아이들의 자아개념과 생활 태도를 좌우하는 가장 중요한 요소이다. 이것은 비단 아이들에게만 국한된 이야기가 아니다. 우리의 인생 자체가 꿈을 이루어가는 과정이라고 할 수 있다. 그러니 꿈이 없거나 모호하다면 삶의 여정 자체가 흔들릴 수밖에 없다.

꿈은 달리 표현하면 목표다. 목표가 없는 사람은 어떤 일을 하건 최선을 다하지 못하지만, 자신이 이루고 싶은 것이 분명하고 추구하는 길이 뚜렷한 사람은 매사에 최선을 다하게 된다. 이런 사람은 매일매일이 새로울 뿐만 아니라 세상에는 감탄할 만한 것들이 얼마나 많은지를 잘 안다. 동시에 그들은 배우고 성장하는 것의 의미를 잘 안다. 그들은, 꿈을 이루어가는 과정은 하루하루가 도전이자 최선이어야 한다는 것을 안다. 그리고 자신의 전부를 불사를 정도로 전력투구할 때만이 꿈이 이루어진다는 것도 안다. 게다가 그들은 행동하지 않으면 이룰 수 있는 것은 아무것도 없다는 사실을 잘 안다.

꿈이 있는 아이들은 친구들 사이에서도 인기가 좋다. 자기 자신을 긍정적으로 받아들이고, 자신에게 주어진 환경에 감사할 줄 알며, 순간순간 주어지는 선택의 기로에서 자신의 발전을 위한 길을 선택할 줄 안다. 그래서 친구들에게도 긍정적인 영향력을 발산하게 되는 것이다. 우리 아이들에게 꿈을 심어줘야 하는 것도 바로 이런 이유이다.

물론 아이들 꿈이라는 게 허황된 경우가 많다. 초등학교 때는 다들 우주인이 되고 싶고 과학자나 판사, 의사, 외교관같이 존경받는 직업을 꿈꾼다. 심지어는 로봇이 되고 싶다는 아이도 있다. 그러다 중학생이 되면 자신의 현실이 어느 정도 눈에 보이기 때문에 좀더 구체적으로 변하지만, 이때까지만 해도 크게 다르지 않다. 가수나 탤런트 같은 연예인이 되고 싶은 아이들도 많고 스튜어디스, 화가, 헤어디자이너, 요리사, 소설가처럼 매우 구체적인 꿈을 제시하는 아이들도 있다. 하지만 이 아이들 대부분은 그 직업이 무엇이며 구체적으로 어떤 일을 하는지, 어떤 자격요건을 갖추어야 하는지 잘 모른다. 텔레비전에서 보니 멋있더라, 돈을 많이 번다더라 하는 정도가 전부다. 아이들은 아직 인지능력이 부족하고 사회 경험이 거의 없으니 당연한 일이다. 그러면 많은 부모들이 이런 식으로 반응한다.

"그 일은 너무 힘들지도 몰라."

"지금 실력으로는 어렵지 않을까?"

"그런 일은 돈을 많이 못 벌 수도 있어."

어른들은 사회에 대해 너무 잘 알기 때문이다. 하지만 우리 아이들이 갖고 있는 꿈을 부모들이 갖고 있는 직업에 대한 선입견으로 재단할 수 있는 것은 아니다. 또 너무 민감하게 반응할 필요도 없는 것이, 아이들의 꿈은 수시로 바뀐다. 아이가 자라면서 듣고 보는 게 많아지면 당연히 관심의 폭도 넓어지고, 자기 자신의 적성이나 재능, 실력에 대해서도 알아가게 되기 때문이다.

이 나이 또래의 자녀를 둔 부모 중에는 아이의 꿈이 하도 자주 바뀌어서 걱정이라는 분들도 많다.

"우리 아이는 꿈이 수시로 바뀌는데, 뭐가 되려고 저러는지 모르겠어요."

그러나 꿈은 꿈 그 자체로 충분히 의미가 있는 것이다. 그 꿈이 얼마나 실현 가능하며, 얼마나 사회적으로 인정받는 것이냐는 부모들의 잣대일 뿐이다. 10대 아이들에게 꿈은 성공적인 미래를 꿈꾸는 건강한 상상력이며 언젠가 자신이 훌륭한 사람이 되어 있을 것이라고 믿는 삶의 태도다. 그러니 아이가 자신의 현실을 벗어나 근사한 미래를 꿈꾸고, 잘되고 싶다는 욕심을 갖는 것은 그만큼 아이가 건강하게 성장하고 있다는 증거다. 꿈이 구체적이건 그렇지 않건 관계없이 '내가 잘 되고 싶다', 혹은 '멋진 사람이 되고 싶다'는 욕심을 담고 있는 것이라면 충분하다.

일찍감치 부모가 나서서 아이의 꿈을 정해주거나 강요하는 것은 매우 위험하다. 부모의 못 이룬 꿈을 아이가 대신해서 이루어주기를 바라고, 부모의 한을 아이가 대신해서 풀어주기를 기대해서는 안 된다. 이것은 아이의 상상력을 마비시키고, 아이가 갖고 있는 다양한 가능성을 없애는 일이다. 아이가 사회적으로나 도덕적으로 어긋난 것을 꿈꾸지만 않는다면 괜찮다. 또 그런 경우라도 동기가 건전하고 바람직한 것이라면 그 또한 어떻게 변화해가는지 지켜보는 것만으로 충분하다. 그러면서 조금씩 더욱 다양한 직업의 세계를 안내해주면 아이들은 이내 제 길을 찾아간다.

중학교 1학년인 동현이는 중국음식점 배달원이 꿈이었다. 동현이 부모는 너무 놀랐다. 중국음식점 사장도 아니고 배달원이라니……. 하지만 당황하지 않고 동현이에게 물었다.

"왜 중국집 배달원이 되고 싶은데?"

동현이의 대답이 걸작이다.

"날마다 오토바이 탈 수 있잖아요."

동현이 부모는 입이 떡 벌어졌다. 바로 이런 게 아이들이다. 동현이 눈에는 오토바이를 타는 모습이 멋있어 보였고, 오토바이를 가장 많이 타는 사람은 중국음식점 배달원이었던 것이다. 동현이 부모는 동현이에게 중국음식점 배달원도 좋지만 오토바이 디자이너나 오토바이 엔진을 개발하는 일은 어떤지 물었다. 그런 사람들은 더 멋진 오토바이를 타고, 돈도 훨씬 많이 벌고, 많은 사람들의 존경을 받는다고 자세히 설명했다. 그랬더니 동현이가 눈을 동그랗게 뜨며 묻는 것이었다.

"그런 일도 있어요? 전 처음 들어요. 배달원보다는 그게 더 멋질 것 같은데요!"

아이들에게 독서와 여행 그리고 부모와의 대화가 중요한 건 바로 이런 이유에서다. 넓은 세상을 경험하게 해주고 다양한 삶의 모습을 보여주어야 꿈도 다채로워지고 현실화된다. 현실적인 꿈을 갖는 것만으로도 아이들은 지금 자신의 생활을 어떻게 만들어가야 하는지 스스로 깨닫는다. 그리고 미래에 대한 건강한 욕심을 갖게 될 것이다.

자신의 선택에 대해
책임지려는 자세를 갖고 있는가

아이들을 키우다 보면 자율성이 폭발적으로 증가하는 시기를 발견할 수 있다. 유아기를 벗어나는 예닐곱 살 때가 그렇고, 사춘기를 전후로 한 청소년기가 그렇다. 특히 아이들은 중학생쯤 되면 갑자기 어른이라도 된 듯한 착각에 빠진다.

이 시기의 아이들은 참 다루기가 힘들다. 부모의 말이라면 무조건 귓등으로 들으니 청개구리가 따로 없고 마치 부모의 권위에 도전하며 한 판 붙어보자는 형국이다. 그러면 부모는 당황하기 마련이다.

"쟤가 원래 그런 애가 아닌데 요즘 왜 저럴까……"

하지만 아이를 가장 모르는 것이 부모 자신일 수도 있다는 것을 기억해야 한다. 이 시기의 아이들이 이렇게 반항을 하고 모든 일을 제멋대로 하려 드는 것은 바로 자율성 때문이다.

"엄마, 나도 이제 나이를 먹을 만큼 먹었으니 그 정도는 스스로 선택하고 결정할 수 있어요", "엄마, 이제 제발 좀 그만 하세요! 내 나이가 몇인데……" 이러면서 아이들이 반항하기 시작하면 많은 부모는 자식에게 서운해하고 분노하며 억압적인 태도를 보인다. 그러나 아이들의 이런 태도를 부모 마음대로 묵살해서는 안 된다. 아이들은 발달단계에 따라 욕구가 생기고, 적절한 방법으로 그 욕구를 해소해야 제대로 성장해나갈 수 있다. 이 시기의 반항 역시 매우 자연스러운 발달단계의 하나일 뿐이다. 아이들은 인지능력이 발달하면서 자기 자신에 대한 정체성이 형성되어가기 때문에 부모로부터의 분리를 시도하는 것이다.

하지만 이 시기의 아이들은 아직 미숙하다. 겉으로는 아이 취급을 거부하지만 마음속으로는 아직 어린이 티를 못 벗은 것이다. 그래서 선택 같은 재미난 것만 하려고 하고 결과를 책임지는 것에 대해서는 부담스러워한다. 아침에 스스로 일어나서 학교에 갈 테니 깨우지 말라고 해놓고선 늦잠 자서 지각을 하게 되면 결국 온갖 짜증을 내며 한바탕 소동이 일어난다. 하지만 일상 속 사소한 의사결정과 행동 과정에서 아이는 선택과 책임에 대한 중요한 명제를 배우게 될 것이다.

이렇게 생활 속에서의 책임을 알아야 나중에 사회적으로도 책임감 있는 사람으로 성장할 수 있다. 책임감이 없는 사람은 제대로 된 리더가 될 수도 없고, 성공할 수도 없으며, 훌륭한 부모 역할을 할 수도 없다. 책임감이 없으니 어떤 일도 맡을 수가 없는 것은 당연하다. 아이를 큰 사람으로 키우고 싶거든 반드시 자신의 선택에 대한 책임을 가르쳐야 한다. 여기서 실패하면 아이는 누군가의 결정에 수동적으로 끌려가는 삶을 살게 될 것이다. 그리고 자유는 반드시 책임이 뒤따른다는 사실을 어린 시절부터 가르쳐주어야 한다.

부모의 작은 노력만으로도 아이들은 선택과 책임에 대해 스스로 터득해나간다. 아이에게 가족의 일원으로서 감당해야 할 몫이 있다는 것을 분명히 일러주고 아이가 규율을 지킬 수 있게 이끌어주는 것만으로도 충분하다. 일찍부터 용돈을 주고 스스로 관리하게 한다거나 자기 방은 자기가 청소하게 한다거나 쓰레기 분리수거 같은 간단한 집안일을 분담시키는 것은 아주 쉬우면서도 효과적인 교육법이다.

언제까지나 아이 뒤를 따라다니며 잔소리를 할 수는 없다. 아이를 사랑할수록 책임감을 가르쳐야 한다. 자율은 책임을 아는 사람만이 누릴 수 있는 최고의 선물이라는 것을 깨닫는 것만으로도 아이는 한결 성숙해질 것이다.

친구들과의 관계가
원만하고 주도적인가

친구는 우리의 인생을 풍요롭게 해주는 예금통장 같
은 것이다. 필요할 때 언제든 큰 힘이 되어주고, 곁에
존재한다는 것만으로도 내 삶에 든든한 버팀목이 되어준다. 친
구는 고단한 삶을 살아가는 데 최고의 동반자이자 의지처가 되
어준다.

성장기에 친구들과의 관계를 돈독히 하며 그 안에서 리더십을
발휘하는 일은 장기적으로 사회 속에서 인간관계를 성공적으로
이끌어갈 토대가 된다. 인간관계야말로 개인의 삶을 윤택하게
해주는 소중한 자산이다. 물론 이 자산에 어느 정도 투자를 한다
고 해서 당장 눈에 보이는 이익이 생기는 것은 아니다. 하지만
차곡차곡 쌓아가다 보면 어느새 한 사람의 인생을 받쳐주는 든

든한 버팀목이 되어줄 것이다.

하지만 부모들은 흔히 아이들에게 이렇게 얘기한다.

"공부 잘해서 돈만 잘 벌면 친구는 저절로 생기게 되어 있어. 그때 되면 다들 고개 숙이며 찾아올 테니 지금은 친구 생각 말고 공부나 열심히 해."

그러면서도 일찍이 인맥의 중요성을 강조하는 부모는 좋은 친구를 만들어주기 위해 어릴 때부터 스포츠센터를 보내고 명문 유치원에 보낸다. 좋은 친구를 더 많이 만들어주기 위해 명문 사립학교를 고집하는 부모들도 많다. 사실 사회생활을 하자면 인맥의 중요성을 무시할 수 없다. 그러나 인맥과 친구는 같은 말이 아니다.

일방적으로 한쪽이 아쉬워 자존심 다 버리고 고개 숙이며 찾아온다면 그것을 어떻게 친구라고 할 수 있겠는가. 사회적 지위 때문에 생긴 친구는 그 지위가 사라지는 순간 흔적도 없이 사라져버린다. 자신의 필요에 의해 굽히고 들어왔다가도 이용가치가 다하면 바로 등을 돌리는 사람은 진정한 친구가 될 수 없다.

친구는 기본적으로 동질감을 갖고 있어야 한다. 나이나 재산, 지위의 높고 낮음을 가리지 않고 서로 소통할 수 있어야 친구라고 할 수 있다. 프랑스의 작가 라 로슈푸코는 '친구는 제2의 자신'이라고 했다. 친구란 믿음이라는 토대 위에 공감과 격려로 쌓아올리는 돌탑과 같은 것이다.

우리 아이는 어떤가? 하루에 한 번쯤 이름을 꺼내는 친구가 있는가? 그 친구를 칭찬하는가, 비난하는가? 우리 아이는 누군가를 추종하는가, 아니면 친구들의 무리를 이끌고 다니는가? 여러분은 아이의 친구들을 만나본 적이 있는가? 그리고 아이의 친구와 대화를 나누어본 적이 있는가? 10대 아이들은 친구관계를 통해 사회생활을 경험하고 살아가는 방법을 익혀간다. 아이가 친구들과의 관계를 원만하고 주도적으로 이끌어가는지를 살펴보는 것은 아이의 성향과 사회성을 판단하는 중요한 자료가 된다.

실제로 우리 10대 아이들의 삶의 만족도는 성적보다 친구관계가 좌우한다. 아이들에게 15년쯤 되는 자신의 인생을 돌아보게 하면서 가장 즐거웠던 때와 가장 슬펐던 때를 얘기하게 하면 그 중심에는 친구가 있는 것을 알 수 있다. 요즘 아이들이 '베프best friend'라고 하는, 이렇게 자신에게 의미 있는 친구를 만나게 된 시점이 자신의 인생에서 가장 행복하고 즐겁고 의미 있는 때였다고 하는 대답이 많다. 반대로 가장 슬펐던 때는 친구와 싸우고 사이가 멀어졌을 때, 친구가 전학을 갔을 때라고 대답하는 것이 청소년기의 아이들이다.

의사이며 정치개혁가이자 작가였던 새뮤얼 스마일즈는 그의 명저 『인격론』에서 친구관계가 인격을 닦는 데 어떤 의미를 지니고 있는가를 심도 있게 다루고 있다. 나이가 많건 적건 간에 사람들은 교류하는 이들을 자연스럽게 모방하기 때문에 서로 영향을 주고받게 된다. 친구들의 말투, 태도, 걸음걸이, 몸짓, 그리고 사고방식은 알게 모르게 서로 영향을 끼치게 된다는 것이다. 그래서 좋은 친구를 사귀는 일은 아이들에게 무척 중요하다. 부모가 친구관계에 관심을 갖지 않을 수 없는 이유가 여기에 있다.

아이들이 갖고 있는 대인관계는 가족과 친구가 거의 전부다. 그중 가족은 출생과 더불어 자동적으로 주어진 환경이다. 하지만 친구는 자신의 의지에 따라 자발적으로 형성한 그룹이다. 아이에게 친구가 많다는 것은 아이가 그만큼 사회적이며 관계 맺기에 유능하다는 뜻이다. 학교는 공부를 하는 곳이기도 하지만 아이들이 사회로 나가기 위한 준비를 하는 곳이기도 하다. 미래 사회에서는 친구관계에서 원만하고 주도적인 아이들이 성공할 것이다. 친구관계에서는 '중심을 갖고 친구를 사귀는 자세와 마음가짐'이 가장 중요하다. 분위기에 휩쓸려서 공부를 소홀히 하고 늘 놀기만 좋아하는 친구들에게 동화되지 않으면서 스스로 무게 중심을 갖고 사귈 수 있도록 이끌어주어야 한다. 그리고 한때는 영원한 것처럼 보이던 친구관계도 계절의 변화와 마찬가지로 늘 변화해갈 수 있음을 일러주어야 한다.

선생님과 친척들에게
사랑받고 있는가

윤수와 경수는 사촌형제지간이다. 그런데 이 아이들이 친척들 사이에서 받는 관심은 완전히 다르다. 윤수가 장손이긴 하지만, 장손이라고 해서 줄줄이 제사를 모시는 것도 아니고 특별하게 물려받을 문중 재산이 있는 것도 아니다 보니 그런 것은 중요하지 않다. 윤수네 집안은 평범하다. 게다가 식구도 많지 않아서 윤수 아버지, 경수 아버지, 그리고 고모 두 분이 전부다. 그나마 막내고모는 미국에 살기 때문에 얼굴 볼 일이 별로 없다. 그래서 윤수 아버지는 당신의 사촌에, 외사촌 행사에까지 꼭 가야 할 모임이면 빠지지 않는 편이고 중요한 모임에는 윤수를 대동하고 다닌다.

경수 아버지는 좀 다르다. 애들도 아직 어린데 굳이 집안 행사에 데리고 다닐 필요까지 있나 하는 생각이다. 그러다 보니 친척들의 사랑은 온통 윤수에게 쏟아지고 있다. 어릴 때부터 커가는 과정을 쭉 봐왔으니 정도 든데다 윤수도 친척들을 잘 따르니 마음이 갈 수밖에 없는 것이다. 그러면 경수는 어떨까? 친척들이 경수에 대해 알고 있는 건 '그 집에 아들이 하나 있지?' 하는 정도가 전부다.

경수 아버지처럼 '애들도 아직 어린데 굳이……' 하고 생각하고 있다간 너무 늦는다. 길 가다 만나도 모를 사촌, 오촌과 나이가 든 다음에 만난다면 얼마나 가까워질 수 있겠는가. 부모가 나이가 들고, 집안에 이런저런 일이 생기면 아이들은 잘 알지도 못하는 사촌, 오촌에게 연락을 해야 한다. 하지만 정작 전화기를 붙들고 자기가 누구인지 설명하려면 아버지 이름, 큰아버지 이름을 줄줄이 대야 할 게 뻔하다.

굳이 이런 이야기까지 꺼낸 것은 우리 아이가 어른들에게 인정을 받는 아이, 어른들과 의사소통이 가능한 아이인가를 묻기 위해서다. 이렇게 일찍 친척들과 어울리고 어른들과 얼굴을 익히며 지내는 아이는 가족이라는 울타리 안에서 자신의 위치를 분별할 줄 알게 된다. 또한 친척이나 선생님처럼 가까운 어른들에게 사랑을 받으며 성장한 아이는 세상이 따뜻한 곳이라는 인식을 갖게 된다. 그러면 누구를 만나건 두려움 없이 마음을 열고 교류하며 어른들을 믿고 따르게 된다.

사실 이 시기의 아이들은 굉장히 예민하다. 부모님과의 관계도 예전 같지 않고 매사에 반항적인 것이 보통이다. 사춘기를 겪으면서 자율성이 확대되기 때문에 어른들 말이라면 뭐든지 듣기 싫어한다. 그런데 평소 어른들과의 유대가 좋았다면 이 시기를 한결 수월하게 넘길 수 있다. 부모를 대신할 만한 다른 어른들이 있기 때문에 아이가 잘못된 길로 접어들 확률이 대폭 줄어드는 것이다.

　흔히 아이들은, 부모에게는 말 못하는 고민을 친구들과 이야기한다. 하지만 또래 아이들끼리 둘러앉아서 서로 고민상담을 해봤자 쓸 만한 답을 얻기란 그리 쉽지 않은 일이다. 그저 자신들의 짧은 경험을 나누며 위로나 하는 것이 전부다. 게다가 자칫 잘못하면 엉뚱한 해결책을 내놓을 수도 있다.

　예를 들어 친구들하고 여행을 가고 싶은데 부모님이 화를 내며 반대할 경우, 아이는 속이 상해서 친구들에게 하소연을 한다. 그때 한 친구가 묘안을 제시한다.

　"3일만 입 다물고 있어 봐. 너네 엄마 답답해서 넘어갈걸? 그러면 여행 아니라 그보다 더한 것도 갔다 오라고 할 거야."

　그러면 절반 정도는 지레 겁을 먹는다.

　"안 돼. 그러다간 진짜로 더 혼나."

　하지만 나머지 절반의 아이들은 손뼉을 치며 쾌재를 부른다.

　"오, 그래! 그거 캡숑 좋은 방법인데? 오케이! 당장 오늘 저녁부터……."

　부모를 상대로 한 섣부른 싸움이 시작되는 것이다. 아이들의 싸움이라고 해서 만만히 볼 것은 아니다. 이 시기의 아이들은 한 번 답을 정하면 무작정 돌진하는 경향이 있기 때문에 자칫 잘못하면 오히려 문제를 키울 수 있다.

　그래서 아이들 곁에는 부모님 외에 든든한 후견인들이 있어야 한다. 가장 가까이에서 아이를 지켜보는 선생님, 이모나 삼촌, 사촌형 같은 친척들이 그 역할을 해야 한다. 이런 사람들은 부모가 져야 하는 양육의 고민을 나누고 고통을 덜어줄 것이다. 그러는 가운데 아이는 사회성이 성장하고, 가족의 소중함이나 선생님의 고마움을 몸과 마음으로 받아들이게 된다. 또한 자존심을 버리지 않고도 도움 받는 법을 알고 다른 사람에게 아량을 베풀 줄도 알게 되며, 긍정적인 대인관계의 틀을 잡아가게 될 것이다. 요즘 아이들은 무척 바쁘다. 그래도 가능하면 집안의 중요한 모임에는 참석할 수 있는 기회를 부모가 만들어주어야 한다.

다른 사람을 생각하고
동정할 줄 아는가

타인에 대한 동정과 공감은 삶을 풍요롭게 해주는 아주 중요한 감각이다. '나눌수록 커진다'는 성경의 말씀처럼, 다른 사람을 생각하고 동정하는 일은 우리 아이들의 삶을 건강하게 해주는 중요한 요소가 된다. 그렇다고 해서 주말마다 봉사활동 보내고 힘에 부치는 일을 돕도록 하라는 얘기는 아니다. 나보다 어려운 환경의 사람들을 직접 만나서 얘기하고 함께 시간을 보내게 되면 건강하고 조금 더 편안하게 살고 있는 자신이 해야 할 일이 무엇인지 생각하게 될 테니 말이다.

동정이란 남의 어려운 처지를 자기 일처럼 딱하게 여기며 나아가 정신적, 물질적 도움을 베푸는 것을 말한다. 하지만 그보다 더 근본적인 활동은 공감이다. 공감이란 상대의 아픔을 함께 느끼고 상대의 고통을 가슴 아파하는 마음이다. 상대와 내가 뜻이 같고 마음이 같아야 진정한 공감인 것이다. 그러니 동정심이 없거나 공감하는 능력이 없는 사람은 남의 아픔 앞에 쉽게 눈감아 버린다. 마음이 통하지 않았으니 남이 힘들건 아프건 상관이 없는 것이다.

하지만 세상에 독불장군은 없다. 일견 그렇게 보이는 사람이 있다 하더라도 그 역시 언젠가는 분명히 누군가의 손을 빌릴 일이 있을 것이다. 게다가 '인생만사 새옹지마'라고 인생의 길흉화복은 그 누구도 예측할 수 없는 것이다. 그러니 자신이 편안할 때 위기를 대비하는 마음으로 타인의 어려움을 돌봐야 한다.

세상과 소통하는 것은 가장 먼저 타인의 어려움을 살피는 것이며, 그 다음으로는 보다 밝은 사회를 만들기 위해 자신의 몫을 다하는 것이다. 하지만 무엇보다 세상과 소통하는 것은 자기 자신의 고독을 치유하는 것이다. 사람은 누구나 근원적인 고독감을 갖고 있다. 10대 아이들도 당연히 고독을 느낀다. 아직은 그런 감정을 모르고 그냥 '심심하다' 정도로 받아들이는 아이가 있는가 하면, 외로움이나 고독의 감정을 분명하게 인지하는 아이들도 있다. 하지만 상당수의 부모들은 아이들의 고독감을 대수롭지 않게 여긴다.

우리 인생에서 청소년기처럼 감수성이 예민한 때가 또 언제 있겠는가. 아이들이 느끼는 외로움은 생각보다 깊으며 자신에게 미치는 영향도 크다. 친구나 선생님, 가족, 친척들과의 관계가 중요한 데는 바로 이런 이유도 있다. 사람의 마음속에 들어앉은 고독감을 치유하는 데는 사람만큼 큰 힘이 되는 것도 드물기 때문이다.

하지만 아이들은 아직 세상으로 다가가는 방법을 모른다. 아직 어떻게 해야 할지를 몰라서 못하는 경우가 많다. 그래서 부모의 도움이 중요하다. 한참 성장기에 있는 아이들은 조금만 도움을 주어도 금방 달라지기 때문이다.

일단 아이에게 타인과 함께 생각하고 대화하는 훈련을 시켜보면 큰 도움이 된다. 먼저 부모가 훈련 대상이 되어주어야 한다. 대부분의 부모가 아이를 아직 어리게만 보기 때문에 '진짜 대화'를 하지 못한다. 부모는 언제나 지시하고 가르치는 입장에 서게 되고 아이들을 동등한 인격체로 보기보다는 보살핌이 필요한 미숙한 존재로만 받아들이기 때문이다. 하지만 막상 기회를 만들어 아이들과 대화를 나눠보면 아이들도 모두 제 나름대로의 논리 위에 생각을 펼친다는 것을 알게 된다.

아이에게 역사적 인물이나 사회적 현상, 최근 화제가 되고 있는 이슈 등에 대해 질문을 던지는 것도 도움이 된다. 독도 문제, 북한의 탈북자 문제 등 찾아보면 정말 많은 대화 거리를 찾아낼 수 있다. 이때는 한 발 물러서서 아이의 의견을 먼저 들어보는 것이 좋다. 부모의 의견을 먼저 얘기해버리면 아이들은 선뜻 자신의 생각을 내세우기 힘들게 되기 때문이다. 아이의 생각을 먼저 들어본 뒤 부모의 생각을 얘기하고, 또 다른 입장의 의견도 알려준다. 그럼 아이들은 나름대로 자기 생각을 다듬게 된다.

'나와 우리 엄마, 아빠는 서로 다른 의견을 갖고 있다. 또 우리 가족과는 전혀 다른 생각을 갖고 있는 사람들도 있다. 왜 그런 걸까? 그럼 나는 엄마, 아빠의 의견을 따라가는 게 좋을까? 정답은 뭘까? 이렇게 서로 다른 의견이 많은데, 정답이란 게 있기는 한 걸까?'

이런 훈련은 아이에게 생각하는 방법, 사회현상에 접근해 스스로 논평을 할 수 있는 힘, 타인의 의견에 공감하며 타인의 입장에서 생각해보는 능력을 길러준다. 그 안에서 아이들은 이웃과 어울려 사는 법을 깨닫게 되고, 사회 구성원으로서 자기 모습을 깨닫게 될 것이다. 그러면 보다 넓은 사회의 구성원으로서의 삶에 대해 생각하게 되고, 다른 사람들과 공감대를 형성하며 살아가는 법을 배우게 될 것이다.

공부를 재미있어하고
성적을 올리려는 의지가 있는가

새로운 것들을 하나씩 알아가는 일은 즐거운 일이다. 하지만 대부분의 아이들에게 공부는 재미없는 것이며, 가급적 빨리 벗어나고 싶은 굴레이다. 물론 새로 익혀야 하는 모든 것이 시들하고 재미없는 것은 아니다. 책상 앞에 앉아서 교과서 펴들고 문제집 푸는 일이 싫다는 것이다. 게다가 시험이 줄을 이어 있으니 스트레스를 받을 수밖에 없다. 성적이 나올 때마다 부모님 성화에, 선생님 등살에, 친구들 앞에서의 체면까지 스트레스가 이만저만이 아니다.

하지만 절대 억지로 시킬 수 없는 것이 공부다. 우격다짐으로 아이들 머릿속에 뭔가를 밀어넣을 수는 있지만, 머리는 이내 이것을 밀어내 버린다. 한두 시간 잘하는 것 같았는데, 돌아서면 바로 백지가 되어버리는 것이다. 지식이건 기술이건 그냥 머릿속에 다운로드해버리면 얼마나 편할까 싶지만, 그건 아직 영화 속에서나 가능한 일이다. 결국 어쩔 수 없이 우리 아이들은 공부의 스트레스에 노출되어야만 하고, 이런 현실은 쉽게 달라지지 않을 것이다.

하지만 아이들이 스트레스를 받는다고, 아이들이 미루고 싶어 한다고 해서 한정 없이 내버려둘 수도 없는 노릇이다. 부모에게나 아이에게나 주어진 시간은 그리 많지 않기 때문이다. 주자의 권학문勸學文은 학문과 시간의 소중함을 일깨워주는 좋은 경구다.

勿謂今日不學而有來日 오늘 배울 것을 내일로 미루지 말고,
勿謂今年不學而有來年 올해 배울 것을 내년으로 미루지 말라!
日月逝而歲不我進 해와 달은 가고 세월은 나를 기다리지 않으니,
嗚呼老而是誰之愆 오호, 늙어 후회한들 이 누구의 허물인가?

少年易老學難成 소년은 늙기 쉽고 학문은 이루기 어려우니,
一寸光陰不可輕 잠시라도 시간을 가볍게 여기지 말라!
未覺池塘春草夢 연못가의 봄풀은 아직 꿈을 깨지도 못하는데,
階前梧葉已秋聲 댓돌 앞의 오동나무 잎은 이미 가을 소리를 전하는구나!

나이가 들면서 학업의 소중함을 깨닫게 되어야 이 시구가 비로소 가슴에 와닿는다. 하지만 정작 학업에 매진해야 할 시기의

아이들은 이 소중한 가르침을 실감하지 못한다. 아이들에게 이 내용을 알기 쉽게 설명해준다 하더라도 공감을 이끌어내는 데는 한계가 있을 수밖에 없다. 그럼에도 불구하고 젊은 날의 소중함을 다루는 글을 아이들에게 들려주거나 그런 주제로 함께 이야기해보는 일은 중요하다. 아니, 중요한 정도를 넘어 귀에 못이 박힐 정도로 자주 이야기해야 한다.

학교생활이 즐겁고 성적이 올라가려면 아이들이 공부에 흥미를 느끼고 자발적으로 책상 앞에 앉아 책을 펴들어야 한다. 우리 아이가 공부를 흥미로워하기는커녕 꺼려한다면 접근법을 달리해보아야 한다. 바로 동기의 부여다.

동기부여는 다음의 다섯 가지 방법이 효과적이다. 이 방법은 부모 자녀 간이나 직장 내 상사와 부하 간에도 활용할 수 있다. 첫 번째, 아이에게 동기를 부여하고 싶으면 먼저 자기 자신에게 동기를 부여할 수 있어야 한다. 타인에게 동기를 부여해서 움직이게 하려면 먼저 자신을 움직일 수 있어야 하기 때문이다. 열의를 느낄 수 없는 상사에게서는 동기를 부여받을 수 없듯, 매사에 열심히 하지 않는 부모에게서 동기부여를 받을 수 있는 아이는 없다. 물론 부모도 사람이기 때문에 때로는 슬럼프에 빠질 때도 있고 우울해지기도 한다. 하지만 전반적으로 자신의 의욕을 한껏 고양하고 이를 유지할 수 있어야만 아이를 이끌 수 있다. 스스로 의욕을 만드는 몇 가지 습관을 갖고 있다면 더욱 좋다.

두 번째, 동기부여에는 직접 보여주는 방법이 효과적이다. 즉, 솔선수범하는 부모가 되어야 한다. 부모는 저녁 내내 텔레비전 앞에 앉아 채널 돌리기를 하면서 아이한테는 들어가서 공부하라고 야단만 친다면 아이에게 설득력이 없다. 불만에 가득 차 문을 닫고 들어가는 아이에게 "너도 이다음에 졸업하고 나면 텔레비전은 실컷 볼 수 있어"라고 해봤자 위로는커녕 옹색한 변명만 될 뿐이다.

백 마디 말보다는 직접 행동으로 보여주는 것이 효과적이다. 틈만 나면 책을 보는 부모 밑에서는 책 좋아하는 아이가 나올 수밖에 없는 법이다. 아이들이 한창 공부해야 하는 시기에는 텔레비전 시청 시간을 대폭 줄여야 한다. 그래서 아예 텔레비전을 치워버린 부모들도 있다.

세 번째, 구체적인 목표를 세운 다음 결과를 측정하고 효과적으로 점검하는 일이 필요하다. 정해진 기간 내에 자신의 성과가 수치로 표시되고, 이에 대해서 책임을 묻는 일들이 자연스럽게 이루어지면 아이들은 열심히 해야 할 충분한 이유를 갖게 된다. 동시에 성과에 대한 보상의 차별화가 명확하다면 동기부여는 확실히 제공된다. 점수나 등수 목표를 정해 그에 따른 보상을 제공하면 아이들이 도전에 훨씬 더 흥미를 갖게 된다.

네 번째, 적절한 칭찬과 격려를 활용한다. 구체적인 행동이나 성과, 혹은 과정에 대해서 칭찬하고 격려하는 일은 동기를 부여하는 데 큰 도움을 준다. 사람은 남들로부터 인정받고 싶어하는 본성을 갖고 있기 때문이다. 특히 자신이 존경하는 사람으로부터 주어지는 칭찬과 격려의 위력은 매우 크다. 부모의 경우라면 엄마, 아빠 중 아이와 친밀하며 우호적인 사람이 이 역할을 맡는 것이 좋다.

다섯 번째, 일이건 공부건 해야 하는 이유와 기대 수준을 명확히 하는 것도 성취동기를 갖도록 하는 데 도움이 된다. 예를 들어 어떤 학교에 꼭 가고 싶다고 아이들이 말하면 최소한 전교 몇 등 안에는 들어야 가능하다는 점을 분명히 알려주는 것이 좋다. 기대 수준을 분명히 하는 일도 아이에게 성취동기를 갖게 한다.

스스로 반성하고
발전할 줄 아는가

청소년기의 아이들은 자신의 자아를 탐색하는 아주 중요한 발달과업을 완수해야 한다. 내가 누구인지, 어떻게 살아가야 할지 아이들은 묻고 질문하고, 실수하고, 배우면서 알아간다. 그러다 보니 세상은 온통 낯선 것들로 가득 차 있고, 날마다 새로운 일이 벌어진다. 대인관계도 넓어지고, 경험하는 조직도 규모가 커져간다.

하지만 이런 급격한 변화에 적응하기에는 우리 아이들이 아직 충분한 지식이나 기술을 습득하지 못한 상황이다. 그러니 모든 것이 혼란스럽고 마음이 불안할 수밖에 없다. 모든 것이 휙휙 달라져가는데, 나만 혼자 어쩔 줄 몰라하며 우물거리고 있는 것 같으니 방황하고 갈등하게 된다. 세상에 적응이 안 되니 몸과 마음이 잔뜩 긴장하게 되는 것이다. 어른들도 마찬가지다. 긴장이 과하면 몸에 힘이 들어가고 머리가 경직되기 때문에 실수를 하게 된다.

하지만 아이들의 실수를 바로잡는 일은 그리 중요한 게 아니다. 정말 중요한 것은 바로 실수를 통해서 반성하고 배우는 것이다. 실수는 무언가를 익히기에 아주 좋은 공부 방법이다. 특히 청소년기 아이들은 끊임없는 시행착오를 거치면서 조금씩 발전해나간다. 하나를 잘못하면 거기서 둘을 배우고, 둘을 깨닫고 나면 세 번째, 네 번째 실수는 예방할 수 있게 된다. 이렇게 실수하고 깨닫는 과정을 통해 아이들은 성장해가는 것이다.

전설적인 투자의 귀재이며 미국 최고의 갑부인 워렌 버핏은 실수를 인정하는 것은 성숙한 인간의 표시라고 했다.

"가장 중요한 일은 자신의 실수를 인정하고 거기서 교훈을 얻는 것이다. 더욱 좋은 방법은 다른 사람들의 실수를 보고 거기서 교훈을 얻는 것이다."

그는 휴가 기간 동안 별장에 틀어박혀 1년 동안 자신이 잘한 점과 잘못한 점을 정리하여 주주들에게 편지를 쓴다. 뿐만 아니라 행동하지 않아서 저지른, 보이지 않는 더 큰 실수까지도 고백하여 발전의 토대로 삼는다. 그는 자신의 실수의 원인을 정리하면서 "내가 얻은 경험은 내 모든 자질 중 가장 중요한 하나가 됐다"고 말한 바 있다. 버핏의 오른팔이며 버크셔 헤더웨이의 부회장인 찰리 멍거가 "버핏은 나이가 들수록 나아진다"고 말한 것도 같은 이야기이다. 실수를 인정하는 것이야말로 가장 고차원적인 자기존중인 것이다.

그래서 부모들은 우리 아이가 자신의 실수를 어떻게 받아들이는지, 또 그것을 진심으로 반성하고 고쳐나가려고 노력하는지 잘 지켜보아야 한다. 실수로 인해 벌어지는 결과보다 그 실수를 반성함으로써 얻게 되는 결과가 훨씬 더 소중하기 때문이다. 하지만 아이가 뭔가 잘못을 저질렀을 때 "잘못했어, 안 했어?"라고 대화를 시작하는 것은 조심해야 한다. 부모가 이렇게 야단을 치면 자신의 잘못을 돌아보고 반성할 아이는 별로 없다. 그냥 자신이 잘못했다고 느끼건 아니건 "잘못했습니다. 다신 안 그럴게요" 하는 것이 보통의 아이들이다. 그냥, 순전히 그냥이다. 부모에게 야단을 맞고 있는 그 상황으로부터 조금이라도 빨리 벗어나고 싶으니까 잘못했다고 말하고 마는 것이다. 이래서는 반성이 제대로 이루어질 리 없다.

아이들이 실수를 했을 때는 서둘러 야단쳐 바로잡으려 하지 말고 자신의 행동에 대해 충분히 생각할 수 있는 시간을 주는 것이 좋다. 아이들 스스로 문제의 원인과 결과를 되짚어보고, 바른 길을 찾아갈 수 있도록 시간을 갖고 기다려 주는 것이다. 그것이 바로 아이들을 위한 배려다.

아이가 자신의 삶에 대해
행복해하는가

가수 이상우와 그의 아들 승훈이의 이야기를 텔레비전에서 보고 이 부모가 얼마나 훌륭한지 감동을 받았다. 승훈이는 발달지체를 갖고 있는 열다섯 살짜리 소년이다. 세 살이 넘도록 '아빠' 소리를 못하던 승훈이는 이제 의젓한 수영선수가 되었고 지금은 "아빠, 사랑해요", "승훈이 행복해요"를 입버릇처럼 말한다. 아빠와 아들이 똑같은 웃음을 지으며 서로를 바라보며 사랑한다고, 행복하다고 얘기하는 걸 보니 가슴이 뭉클했다.

이들 부부는 승훈이를 '스승 같은 아들'이라고 말한다. 옛날에는 행복이란 게 찾기 어려운 보물이라고 생각했지만, 승훈이는 그게 아니란 걸 가르쳐주었단다. 그래서 항상 승훈이에게 감사하고 고맙다고 한다.

사실 옆에서 보면 이상우 부부가 얼마나 힘들었을까 하는 생각이 절로 든다. 「그녀를 만나기 100미터 전」을 부르며 춤을 추던, 소년처럼 풋풋하던 이상우는 어느덧 중년의 아버지가 되어 있었다. 이들 부부에게는 하루하루가 인내심을 테스트하고 한계를 묻는 시험장이었을 것이다. 승훈이 어머니는 그동안 참 많은 눈물을 흘렸고 지금도 아들이 안타까워서, 그리고 고마워서 눈물을 쏟곤 한다. 하지만 이제는, 온 가족이 서로를 향해 웃으며 행복을 얘기하고 해맑게 웃으며 '행복하다' 고 말하는 아들이 곁에 있는데 더 이상 무엇이 필요하겠는가.

우리는 행복해지기 위해, 자신의 삶의 만족도를 높이기 위해 많은 돈과 시간을 쓰고 정성을 투자한다. 그래도 "행복한가", "자신의 삶에 대해 얼마나 만족하는가" 물으면 "나는 행복하다" 고 자신 있게 말하는 사람이 그리 많지 않다. 행복은 돈이나 시간, 건강, 가족, 친구, 사회적 성공, 이런 다양한 요소들이 한데 어우러져 만들어내는 것이다. 하지만 정말 중요한 행복의 요소는 우리 마음속에 있다. 아무리 많은 돈과 화려한 조건을 갖춘다고 해도 마음속에 기쁨이 없으면 절대 행복감을 느낄 수 없는 것이 인간이다. 반대로 외적인 요건은 다소 부족하더라도 마음속에 즐거움과 기쁨이 넘치는 사람은 행복을 느낄 수 있다.

행복이란 주어지는 것이 아니라 스스로 노력함으로써 얻을 수 있는 적극적인 심적 상태이다. "아, 정말 따분해"라고 아이가 이야기한다면 이는 '스스로 따분하기로 마음을 먹었다'는 사실을 깨닫게 해주어야 한다.

행복한 가정을 꾸리는 데는 몇 가지 요소가 필요하다. 그중 첫 번째가 가족 모두가 저마다의 권리와 의무 관계를 다해야 한다는 것이다. 부모에게는 부모의 권리와 의무가 있고, 자녀에게는 또 그에 따른 권리와 의무가 있다. 가족이란 서로서로 의지하는 존재이긴 하지만, 그 이전에 각자의 의무를 다해야 돌아가는 하나의 조직임을 분명하게 알아야 한다.

두 번째는 가족 구성원들이 공유할 수 있는 소망이 있어야 한다는 것이다. 가족 모두가 가슴속에 소망을 지니고 살아간다면 생활 속에서 부딪치는 어지간한 어려움은 거뜬히 극복할 수 있다. 이런 가정은 사업이건 공부건 모두 잘 된다.

세 번째는 신뢰와 존중이다. 은행에 저축을 차곡차곡 쌓아가듯이 가족 구성원들도 서로에 대한 믿음과 신뢰 그리고 존중과 같이 눈에 보이지는 않는 자산을 저축해가야 한다. 서로의 기대를 저버리지 않도록 힘껏 노력하고 서로의 불신을 사지 않도록 정직하게 행동해야 한다.

네 번째 요소는 격려와 칭찬이다. 부부간, 부모 자식 간, 형제 간 등 가족 구성원 모두가 서로를 격려하면 자신감이 생겨날 것이고, 이는 곧 어떤 일을 하건 씩씩하고 자신 있게 처리해나갈 수 있음을 뜻한다.

다섯 번째 요소는 사랑이다. 가족의 사랑은 거친 세파를 견뎌
내는 힘이 된다. 우리 부모들 역시 가족의 무한한 사랑이 있었기
에 험한 세상을 헤쳐온 것이다. 사랑을 듬뿍 받은 사람은 타인을
배려하고 사랑할 수 있는 힘을 갖게 된다. 가장 멋진 양육법은
사랑으로 사람을 키우는 것이다.

끝으로 행복은 감사하는 마음을 따라온다. 곁에서 볼 때는 아
무리 많은 것을 성취했다 하더라도 스스로 부족함을 느끼는 것
이 인간이다. 자신이 가진 것에 감사해야 할 이유를 늘 찾을 수
있다면 누구든지 행복을 느낄 수 있을 것이다.

아이를 행복한 사람으로 키우고 싶거든 아이에게 행복의 씨앗
을 심어주어야 한다. 부모가 먼저 아이에게 다가가 '행복하다'고,
'네가 있어서 아주 많이 행복하다'고 말해주는 것이다. 그리고
'너를 내 곁에 보내주셔서 감사하다'고 반복적으로 얘기해준다.
생활 속에서 이렇게 감사를 실천하고 감사하는 마음을 확인하면
서 자라난 아이들은 아주 쉽게 행복에 접근한다. 당장 오늘부터
아이의 마음에 행복의 씨앗을 심어보자. 아이를 건강하게 낳아서
기르는 것보다 훨씬 중요한 것이 행복하게 기르는 것이다.

3장

미래 인재에겐
어떤 능력이 필요한가?

'할리우드 방식'이란 게 있다. 할리우드에서 영화를 만들 때는 제작자와 감독을 중심으로 각 분야 최고의 스태프들을 영입한다. 능력이 뛰어난 사람들은 조직에 붙박이로 일하는 것보다 프로젝트에 따라 모였다 흩어지는 경우가 많기 때문이다. 굳이 견고하고 보수적인 조직에 몸담고 있지 않아도 실력만 갖추면 얼마든지 좋은 일을 맡을 수가 있는 것이다. 그런데 할리우드 영화처럼 대형 프로젝트도 사람이 하는 일이다 보니 아무리 실력이 뛰어난 사람도 다른 사람들과의 관계가 매끄럽지 못하면 좋은 프로젝트에 합류하기가 어렵다. **촬영이 하루만 지체되어도 수억 원의 제작비가 날아가는 것이 영화 제작 현장이다.** 그런데 사람 사이에 불협화음이 발생해 촬영이 펑크나기라도 한다면 그 보상을 누가 해주겠는가. 그래서 할리우드 방식에서는 대인관계 능력을 매우 중요한 가치로 평가한다.

분야별로 세분화된
전문지식을 갖춰야 한다

미래 사회에서는 분야별로 세분화된 전문지식을 갖추는 사람들이 크게 성공을 거두게 될 것이다. 전문지식은 반드시 다른 사람들에게 기쁨을 주거나 돈을 벌게 해주거나 또는 불편함이나 고민을 해결해주거나 편리함을 주는 등과 같이 도움을 주어야 한다. 물론 학문의 세계는 다르지만 여기에서 이야기하는 전문지식이란 다른 사람에게 특별한 가치(혹은 도움)를 제공할 수 있는 지식을 말한다.

이제는 사회적으로 인정받는 전문직이라 하더라도 다른 사람이 대신할 수 없는 자신만의 노하우와 고도의 전문지식을 이용하여 다른 사람들에게 특별한 가치를 제공하는 데 성공하는 사람들이 존경을 받고 풍족한 금전적 보상을 받고 있다. 어느 직종이건 어중간한 지식으로는 크게 성공하기 힘들어진 것이다.

10년 전만 하더라도 손톱을 예쁘게 다듬어주는 직업이 따로 점포를 차릴 만큼 전문화되리라고 그 누가 생각이나 했겠는가? 음식점 창업 컨설턴트가 한때 열풍을 일으켰지만 지금에 와서 메뉴 컨설턴트란 직업으로 세분화될지 누가 알았겠는가? 웹 사이트를 운영하는 인터넷 회사 하나만 놓고 보더라도 듣지도 보지도 못한 생소한 분야가 얼마나 많은지 모른다. 디자이너만 해도 다루는 도구와 언어에 따라 여러 가지 새로운 분야로 나누어진다.

때문에 각자의 분야에서 성공하려면 자기 분야에서만큼은 다른 사람들이 도저히 따라올 수 없을 만큼 독보적인 전문성을 보여주어야 한다. 그리고 그런 전문성의 토대는 10대 때부터 만들어져야 한다. 세상으로 나가 무수히 쏟아지는 지식과 정보를 받아들이고, 내 것으로 만들어 능력을 발휘하려면 어려서부터 그 토양을 마련해두어야 하는 것이다.

아이들에게는 다음의 두 가지 역량이 준비되어야 한다. 그중 하나는 관찰력이고, 다른 하나는 집중력이다. 관찰력은 사람과 사물을 분명하게 볼 줄 알고 그것을 분석하는 힘이다. 관찰력이 있는 아이들은 직관과 판단의 기준을 명확하게 갖게 된다. 반면에 관찰력 없는 아이들은 깊은 생각을 할 줄 모른다. 분명하게 볼 줄 안다는 것은 선입견을 버리고 사물과 사건을 있는 그대로를 받아들인다는 뜻이다. 그렇다고 해서 눈에 비치는 대로 받아들인다는 뜻이 아니다. 그것은 그냥 '보는 것'에 불과하다.

제대로 본다는 것은 비치는 것, 그 너머의 진실을 보고 대상이 의미하는 바를 읽을 줄 안다는 뜻이다. 성장기 아이들은 사물이나 사건을 편중된 시각으로 바라보고 임의로 해석하는 경향이 있다. 급격한 성장을 거듭하고 있는 자기 자신을 탐색하느라 바빠 외부세계를 객관적으로 판단하는 훈련을 할 기회가 없었기 때문이다.

생활 속에서 섬세한 관찰력을 길러주려면 관찰력이 필요한 다양한 게임을 해보는 것이 좋다. 예를 들어 길가의 간판 읽고 설명하기, 상대의 물건 중 하나에 대해 설명하기 같은 게임을 시도해보면 관찰력을 키우는 데 큰 도움이 된다. 어떤 아이들은 스치듯 지나온 길거리의 풍경도 훤히 기억하는 반면에 어떤 아이들은 자기 책상 위에 있는 물건도 못 맞힌다. 이런 게임을 계속하다 보면 대상을 보는 방법을 익힐 수 있다. 퀴즈를 낼 때는 대상의 색깔, 모양, 재질, 감촉을 비롯해 용도, 그것이 주는 느낌까지 자세히 설명한다. 그 과정에서 아이들은 사물을 보고 이해하는 방법을 배우게 되고, 그러는 사이에 관찰력이 부쩍 강해지게 된다.

집중력도 마찬가지다. 고도의 집중력을 발휘해 자신의 일에 몰입하는 사람과 그렇지 않은 사람 사이에는 많은 차이가 난다. 우리 아이들이 좋아하는 게임을 생각해보자. 스타크래프트나 카트라이더 같은 게임을 하고 있을 때면 아이들은 어머니가 불러도 못 듣는다. 자신이 좋아하는 일을 하고 있으니 저절로 집중력이 높아지는 것이다. 집중력을 발휘되기 위한 가장 좋은 자극은 흥미와 관심이다. 자신이 관심을 갖고 있고 재미있어하는 분야의 일을 하면 순간적으로 폭발적인 집중력을 발휘해 기대 이상의 성과를 만들어낸다. 집중력이 최고로 발휘된 상태에서는 누가 시키지 않아도 효율성을 높이고, 성과를 높이는 방법을 스스로 찾기 때문이다.

여기에 뚜렷한 목표의식이 더해지면 의지는 더욱 단단해지고 행동은 더욱 단호해진다. 분명한 목표를 갖고 있으니 웬만한 자극에는 움직이지 않고, 자잘한 난관쯤은 웃으면서 넘길 만큼 여유를 갖게 된다. 목표의식을 분명히 하기 위해서는 10대 때부터 1년, 1학기, 1개월, 1주일, 그리고 날마다의 목표를 세우고 그것을 하나씩 이루어가는 훈련을 해야 한다. 생활계획표를 만들고, 일기를 쓰고, 다이어리를 쓰는 것도 도움이 된다.

이렇게 관찰력과 집중력을 기르고 나면 세분화된 전문지식을 갖추기 위한 토대가 어느 정도 마련된다. 이제 부모는 아이의 성장속도에 맞춰 적절한 지적 자극을 제공해주기만 하면 된다. 그 과정에서 아이의 흥미와 적성, 재능을 발굴해내고 아이가 스스로 그것을 키워나갈 수 있도록 이끌어주면 아이들은 저절로 미래 사회의 주인공으로 성장할 것이다.

끊임없이 공부하며
자신을 성장시켜야 한다

40대 초반의 직장인 K는 30대 초반까지는 자신의 미래에 대해 그다지 깊이 생각해본 적이 없었다. 남들처럼 자신의 자리도 오래오래 보장될 것으로 생각하고 적당히 시간을 흘려보냈다. 젊음 자체가 무기였기 때문에 늘 자신만만했고, 남들이 미래의 위기 운운해도 자신과는 상관없는 일로 치부해버리곤 했다. 그런데 외환위기를 맞으면서 모든 것이 달라졌다. 외부 환경이 급격하게 변화하면서 함께 일하던 많은 동료들이 회사를 떠났다. 그제서야 K는 자신의 미래에 대해서 다시 생각하게 되었고 삶의 태도를 크게 바꾸었다.

K는 자신의 삶을 3년, 5년, 그리고 10년 간격으로 설계하고 경력을 관리하기 시작했다. 그가 세운 목표는 4가지였다. IT엔지

니어로서의 능력을 인정받을 수 있는 국내외 자격증 취득, 영어를 상당 수준 마스터하는 일, 경영학을 체계적으로 배우는 일, 그리고 조직 내에서 확고한 위상을 구축할 정도로 실력을 쌓는 일이 그것이었다.

10년 후 K는 완전히 달라져 있었다. 지난 10년 동안 평일 저녁과 주말 시간 가운데 많은 부분을 자기계발에 투자한 결과 직장 내에서는 물론 회사 밖에서도 독보적이랄 만큼 인정받는 인재로 변모해 있었다.

실제로 외환위기 이후 우리나라의 모든 분야에서 '자기계발'이라는 말이 화두가 되었다. 심지어는 자기계발 때문에 스트레스를 받는다는 사람도 많았다. 일할 때는 물론 놀 때, 쉴 때조차 전략적이고 생산적으로 움직여야 한다고 하니 어찌 힘들지 않겠는가. 하지만 세상이 바뀌면 사람도 바뀌어야 한다. 나 자신의 경쟁력을 갖추려면 끊임없이 공부하고 자기계발을 하는 수밖에 없다. 그런데 '할 수 없이 자기계발을 해야 한다'고 받아들이는 것이 아니라 '자신을 성장시키는 일 자체가 즐거운 일이다'라고 받아들이면 이것은 대단한 발상의 전환이 될 것이다.

지금 우리나라 40대의 61퍼센트가 넘는 사람이 자기계발의 필요성과 위기감을 느끼고 있다고 한다. 자기계발을 위해 월 평균 10만 원 이상 사용하는 사람이 43퍼센트에 이르고 있으며, 40퍼센트에 이르는 사람들이 날마다 1시간 이상 자기계발에 투자하고 있다. 하루에 3시간 이상, 한 달에 50만 원 이상 투자한다는 사람도 생각보다 많다. 우리 아이들이 살아갈 20년 뒤에는 이런 현상이 더욱더 극대화될 것이다.

변화가 급속한 사회에서는 조직의 움직임에 따라 요구되는 능력도 시시각각 달라진다. 조직은 개인에게 끊임없는 변화와 발전에 능동적으로 대처할 수 있는 능력을 요구한다. '가만히 있으면 중간은 간다'는 말은 옛말이 되어버렸다. 이제는 잠시라도 가만히 있으면 자연스럽게 도태되고 만다. 우리 아이들이 미래 사회에 당당한 인재로 살아가려면 지금부터 자신을 계발하는 일의 중요성과 평생교육의 기초를 마련해주어야 한다.

아이가 자기계발의 중요성을 깨닫고 스스로를 단련할 수 있도록 하기 위해서 어떻게 해야 할까? 가장 좋은 방법은 배우고 익히면서 '성장하는 재미'를 느끼고 더 나아가 스스로 자신을 성장시킬 필요성을 강하게 느끼도록 도와주는 것이다.

이제 아이가 자기계발의 중요성을 깨닫고 스스로 실천하게 만들기 위한 단계를 설명할 것이다. 예를 들어 밤늦도록 게임을 하다 늦잠을 자서 지각을 했다고 하자. 그 벌로 일주일 동안 날마다 반성문을 쓰게 되었다. 이 아이는 반성문을 쓸 때마다 일찍 자고 일찍 일어나는 습관을 들여야 한다는 필요성을 절감하게 될 것이다.

"날마다 이렇게 늦잠을 자서는 안 되겠어. 어떻게든 일찍 자고 일찍 일어나는 습관을 들여야 해."

아이는 스스로 이런 결심을 하게 된다. 자기계발은 바로 이런 자기 각성에서 시작된다. 그 과제가 사소한 생활습관에 불과하더라도 아이가 스스로를 통제하고 발전을 모색해나가려는 의지를 보인다면 자기계발을 자각하는 첫 번째 단계에 들어선 것이다. 이제 규칙적인 생활의 필요성은 절감하지만 생활계획표 하나 없이 움직인다면 성과를 거두기 어려울 것이다. 그러면 두 번째로 목표를 세우는 단계로 진입한다. 어떤 일의 필요성을 절감하고 있다면 그에 대한 구체적인 실현계획을 세워야 실천이 가능해진다. 목표를 달성하기 위해서는 중요한 것과 뒤로 미루어야 할 것, 시도해야 할 것과 포기해야 할 것을 구분해야 한다. 그래서 게임은 주말에만 하기로 하고 12시에는 반드시 잠자리에 들고, 6시에 일어난다는 계획을 세운다.

물론 생활습관은 하루아침에 바꿀 수 있는 것이 아니다. 그래서 세 번째로 필요한 것이 단계별 계획이다. 목표를 정하면 항상 그 목표를 이루기 위한 기간을 정하고, 다시 그것을 단계별로 나누어야 한다. 새벽까지 컴퓨터 앞에 앉아 있던 습관을 바꾸기 위해 날마다 30분씩 취침시간을 당겨 일주일 뒤에는 12시에 잠자리에 든다는 계획을 세운다. 그리고 날마다 취침시간을 기록하며 자신의 변화를 체크한다. 그러나 아이들이 자신의 의지만으로 게임을 접고 잠자리에 든다는 것은 쉬운 일이 아니다. 또 늦잠 자던 습관을 스스로 고치는 데도 한계가 있을 수밖에 없다. 그래서 이 습관을 들이기 위한 구체적인 방법을 찾아내야 한다. 잠자리에 드는 시간을 조금씩 일찍 당기고 정해진 시간에 깨우는 방법을 사용할 수 있다. 처음에는 다소 어렵겠지만, 날마다 목표를 되새기면서 의지를 다지면 조금씩 좋아질 것이다.

그렇게 해서 일찍 자고 일찍 일어나는 습관을 들인다면 이제는 이것을 얼마나 오래 지속할 수 있느냐 하는 숙제가 남게 된다. 일주일 만에 고쳐진 습관은 일주일 뒤에 다시 제자리로 돌아가 있을 가능성이 매우 높기 때문이다. 시험이 임박해오면 아무래도 새벽까지 공부하고 늦잠 자는 일이 다시 생길 수도 있고, 주말 동안 실컷 늦잠을 잤더니 밤에 잠이 안 올 수도 있다. 하지만 이렇게 하루 이틀 실천을 못했다고 포기할 필요는 없다. 다시 한 번 그 과정을 밟으면 된다. 그러면서 아이들은 조금씩 성장하고 성숙하는 자기 자신을 발견하게 될 것이다.

이렇게 해서 아이 스스로 습관을 바꾸는 작은 성공을 경험해보면 다른 일도 같은 과정을 통해 실천할 수 있게 된다. 다음 시험에서는 영어나 수학 점수를 올리겠다는 목표를 세우고 날마다 영어단어를 몇 개씩 외운다거나 수학 문제집을 몇 장씩 푸는 식으로 구체적인 실현계획을 세워 실천해보게 할 수 있다. 이제 아이들은 자기 자신이 성장하는 재미도 느낄 수 있고 자기계발의 필요성도 깨닫게 된다. 물론 스스로 실천하는 힘도 갖게 될 것이다.

세계 무대에서 경쟁하려면
외국어 능력은 기본이다

요즘 우리 아이들, 외국어 공부를 참 많이 한다. 영어는 물론이고 중국어에 일본어까지 공부하는 아이들이 적지 않다. 초등학교 6학년인 명희도 영어학원을 열심히 다니며 집에서는 혼자 일본어 공부까지 한다. 영어는 꼭 해야 하는 것이니 어쩔 수 없이 하는 것이고, 일본어는 일본 애니메이션을 더 재미있게 보고 싶어서 스스로 공부하고 있다고 한다. 그러다 보니 학교에서 시험이라도 있을 때는 영어학원 숙제 때문에 정신이 없다. 그래도 그만두겠다는 얘기는 안 한다. 아이 스스로도 영어 공부의 필요성을 느끼기 때문이다. 명희 어머니는 아이가 너무 힘들어하거나 싫증을 내는 것 같으면 한두 달 학원을 쉬게 한다. 하지만 이때도 명희는 두 달을 채 못 쉰다.

"엄마, 영어학원 끊어주세요. 아무래도 불안해요" 하며 학원으로 간다. 아이 스스로도 불안한 것이다.

우리 부모님들도 사회생활을 하고 있다면 외국어 때문에 머리 아프거나 무안을 당한 적이 한두 번은 있을 것이다. 별것도 아닌 단어 몇 개에 얼굴 붉히며 머뭇거리고, 외국인이라도 만나면 심장이 오그라드는 것만 같다. 그래서 우리 아이만은 영어 때문에 고생시키지는 않겠다고 이를 악물고 결심하곤 한다.

외국어 교육의 중요성은 갈수록 강조되고 있다. 특히 글로벌 인재로 성장하기 위해서는 영어 교육이 대단히 중요하다. 중국어나 일본어 같은 제2외국어도 공부할 수 있다면 더욱 좋겠지만, 일단은 세계 공용어라고 할 수 있는 영어부터 해야 한다. 그렇다면 영어교육을 어떻게 해야 잘하는 걸까? 그냥 학원에 보내고, 학습지 선생님을 불러주면 되는 걸까? 사실 그렇게만 하면 얼마나 쉽겠는가. 하지만 그것만으로는 부족하다.

흔히들 '언어습관' 이라는 말을 쓴다. 아이들은 모국어를 익히면서 언어습관을 기르게 된다. 미국인들이 영어를 사용할 때 입 모양을 보면, 우리들이 발음하는 것과는 뭔가 다르게 움직인다는 느낌을 받을 수 있다. 심지어 음식을 씹는 입 모양도 좀 다르다. 사람의 혀나 입술, 턱 등은 자신의 모국어를 발음하기 가장 좋은 상태로 발달하기 때문에 생기는 현상이다. 그러니 나이가 들어 혀가 굳어지면 아무리 혀를 굴려도 '콩글리시' 가 되고 마는 것이다. 뿐만 아니라 외국어를 언제 배우는가에 따라서 언어 학습이 이뤄지는 두뇌의 영역이 다르다는 연구결과도 있다. 어린 시절에 모국어와 외국어를 함께 배우면 비슷한 두뇌 영역에서 학습이 이루어지게 되지만, 나이를 먹어서 외국어를 배우게 되면 모국어와 외국어를 배우는 학습 영역이 다르다.

이런 점에 비추어 외국어 교육은 조기교육이 매우 중요하다. 외국어 학습에는 '결정적 시기'가 있기 때문이다. 언어는 발음기관의 변화 외에도 언어적 관념이 자유롭고 학습능력이 고조된 시기에 가르쳐야 충분한 성과를 거둘 수 있다. 사춘기 이전에 집중적으로 외국어 교육을 받은 사람은 그만큼 효율적으로 외국어를 배우고 구사하게 된다. 그러니 초등학생이나 중학생 때 영어 학원에 열심히 다니면서 배우거나 연수나 유학 등을 다녀온 아이들은 훗날 영어 때문에 머리 아플 일은 별로 없을 것이다. 게다가 모국어 외에 한 개 이상의 외국어를 능숙하게 구사할 줄 아는 사람은 그렇지 않은 사람보다 지능이 발달해 있다는 놀라운 조사결과도 있다. "할 줄 아는 언어가 많을수록 그 사람의 가치는 높아진다"는 말은 헝가리 사람들이 즐겨 사용하는 속담이다. 아이들에게 외국어 교육을 시키는 것만으로도 지능이 발달되고 가치가 높아진다면 이 얼마나 반가운 일인가.

조기유학 1세대들이 속속 사회에 진출하고 있다. 이 아이들이 오랜 외국 생활을 통해 어떤 공부를 해왔을지, 어떤 실력을 갖추

고 있으며 얼마나 알찬 콘텐츠를 갖고 올지 궁금하다. 우리 부모
님들이 학교에 다닐 때는 영어 자체가 목적이었다. 어떻게든 원
어민과 대화라도 한마디 할 수 있으면 더 이상 바랄 게 없을 성
싶었다. 하지만 미래 인재들에게 영어는 성공을 준비하는 전제
조건이다. 그런데 실제로 조기유학 1세대 가운데는 기대한 만큼
자신의 능력을 발휘하지 못하는 사람도 많다. 영어만의 문제가
아니라 자신이 갖고 있는 콘텐츠의 부족 때문이다.

외국어는 미래 인재가 성공을 준비하는 전제조건이다. 자신만
의 고유한 콘텐츠를 갖춘 뒤에 외국어로 경쟁력을 더해야 한다.
대학교 졸업반인 Y는 초등학교 때 미국 지사로 발령받은 아버지
를 따라 미국에서 3년간 생활한 적이 있다. 이때 익힌 영어는 Y의

성장에 지대한 영향을 미쳤다. 영어가 자유로우니 대학에 진학할 때도 훨씬 유리했을 뿐만 아니라 진로를 놓고 볼 때도 다른 친구들에 비해 할 수 있는 일이 훨씬 많았다. Y는 특히 사람을 만나 인터뷰를 하고 글을 쓰는 일에 흥미를 갖고 있었다. 그래서 지금은 미국에서 AP통신 수습기자로 일하고 있다. 언젠가 UN에서 일하는 것이 꿈이라는 Y는 영어가 있었기에 진로 선택에 있어서도 한결 폭이 넓어 친구들은 엄두도 못 내는 미국까지 도전장을 던지게 되었다고 말한다. 영어가 Y를 글로벌 인재로 이끈 것이다.

우리 아이들이 살아갈 사회에서는 기회, 승진, 보수, 출세, 성공 등 모든 것이 영어 구사 능력과 연결되어 있을 것이다. 물론 요즘은 대부분의 아이들이 비슷한 환경에서 공부하고 있기 때문에 아이들이 성장했을 때 외국어는 인재를 변별하는 결정적인 요소는 아닐지도 모른다. 하지만 우리가 기억해야 할 것은, 외국어를 잘한다고 해서 얻을 수 있는 특별한 이점이 가진 중요성은 점점 떨어지더라도, 자신의 콘텐츠에 비해 외국어 능력이 떨어진다면 그것은 분명 중대한 장애요인으로 작용할 것이라는 사실이다.

자기존중감이
인재를 차별화한다

요즘 초등학생들은 학력 편차가 별로 없다고 한다. 웬만하면 다들 학습지 한두 개는 받아보고, 방문교사를 통해 과외도 하고, 공부방이나 학원을 다니며 선행학습이나 보충수업을 한다. 그러다 보니 공부 잘하는 아이, 못하는 아이가 따로 없다. 하지만 고학년에 올라가고, 중학교에 가면 스스로 공부하는 아이와 그렇지 않은 아이들은 현저한 차이를 보이게 된다. 물론 타고난 머리도 무시할 수는 없겠지만, 학년이 올라갈수록 아이들은 스스로의 자존심을 지키기 위해 공부를 하게 된다. 이전에는 성적이 떨어지면 부모님께 혼나기 때문에 그게 무서워서 공부를 했다면, 이제는 선생님이나 친구들 앞에서 자신의 존재감을 일깨우는 방법의 하나로 공부를 하게 되는 것이다.

이 시기 아이에게 꼭 심어줘야 하는 것이 바로 자기존중감이다. 자기존중감은 자아를 인식하고, 자신이 소중한 존재임을 느끼며, 자신을 긍정적으로 인식하는 것이다. 또한 자기존중감은 리더십의 근간이 되기도 한다. 자기존중감이 뛰어난 아이들은 학급이나 또래집단 내에서 자발적으로 집단 활동에 참여하고 집단의 목표나 안정적인 조직 유지를 위해 스스로 움직인다. 자신이 속한 조직의 안정과 발전이 스스로의 자존감을 만족시켜주기 때문이다.

반대로 자기존중감이 결여된 아이들은 과잉성취욕구나 자기합리화를 하려 들며, 과장적 태도를 보이거나 오히려 방어적 순응이나 자기평가절하를 나타낸다. 수줍음을 타거나 외톨이가 되어 냉소적인 태도를 보이는 것도 이런 아이들의 특징이다. 또한 종종 정서적인 문제를 일으키기도 한다. 혹시 우리 아이가 우울이나 불안, 긴장, 공격, 분노, 소외감, 불면증 같은 증상을 보인다면 아이의 자기존중감이 제대로 형성되지 않은 것은 아닌지 전문가와 상담해보는 것이 좋다.

그러면 아이의 자기존중감을 키워주기 위해서는 어떻게 해야할까? 기본적으로 아이들의 자기존중감은 어머니의 영향을 많이 받는다. 어머니가 자기존중감이 높으면 아이들도 자기존중감이 높아진다. 자기존중감이 높은 어머니는 아이들에게 역할모델이 되어줄 뿐만 아니라 가정에서 전반적으로 건전하면서도 일관성 있는 훈육을 하기 때문이다. 이런 어머니는 아이들의 장점을 극대화할 수 있고 애정표현이 풍부하며 아이의 활동에 관심이 많다.

그 외에도 아이의 자기존중감을 증진시키기 위한 몇 가지 방법이 있다. 첫 번째로, 아이를 누군가와 비교해서는 안 된다. 우리 아이는 우리 아이고, 옆집 아이는 옆집 아이다. 두 아이는 절대 같을 수가 없다. 우리 아이를 다른 아이와 비교해서 우월하다거나 열등하다는 평가를 내리는 것은 아이의 바람직한 정체성 형성을 저해할 수 있다.

두 번째로는 아이에게 무슨 일이든 열심히 하면 성취할 수 있다는 자신감을 심어주어야 한다. 자신감은 아이들의 자기존중감 발달에 도움이 된다. 그리고 자기 자신과 타인에 대해 긍정적인 시각을 갖도록 해주어야 한다. 여기에는 어머니의 평상시 언어 습관이 중요하다. 농담으로라도 아이에게 '이놈 저놈' 해서는 안 된다. 언제나 긍정적인 말, 칭찬하는 말, 격려하는 말을 자주 사용함으로써 아이가 자기 자신에 대해 긍정적인 이미지를 만들 수 있도록 도와줘야 한다. 그러면 아이들은 자연스럽게 자기 자신을 존중하며 자신감을 키워 리더로 성장하게 될 것이다.

세 번째로, 아이들 자신의 노력이나 도전으로 이룬 것을 자주 적어보거나 생각해보도록 하는 것도 자기존중감을 키우는 데 도움이 된다. 자신이 이뤄낸 것을 확인하는 과정, 즉 강화하는 과정을 자주 갖는 것이다.

자신을 어필할 줄 아는
세일즈 능력을 갖춰야 한다

 '팔 수 없다면 값어치는 없다.'

세일즈 능력은 이제 전통적인 영역을 넘어서 광범위하게 확대되어가고 있다. 우리 아이들이 살아갈 20년 뒤 미래 사회는 모든 것을 파는 시대가 될 것이다.

전문적으로 세일즈를 하는 사람들은 '상품을 파는 것이 아니라 자기 자신을 파는 것'이라고 말한다. 자신에 대한 고객의 믿음을 매개로 자신의 정성과 능력을 판다는 얘기다. 그들의 이야기처럼, 굳이 세일즈맨이 아니더라도 자신을 어필하고 자신이 가진 능력과 서비스를 팔 줄 알아야 성공할 수 있다. 아이들이 나중에 어떤 일을 하게 되건 거래처에서 프레젠테이션을 하고, 타인을 설득하고 중대한 협상테이블에 앉기도 할 것이다. 이때 발휘해야 하는 것이 바로 세일즈 능력이다. 상사에게 보고서를 하나 올리더라도 세일즈 마인드가 있는 사람과 그렇지 않은 사람 사이에는 큰 차이가 있다. 세일즈 능력은 이메일 하나, 보고서 하나에서도 여실히 드러나게 마련이다.

세상에 다시없는 훌륭한 콘텐츠를 갖고 있다 하더라도 고객과의 접점을 만들고 자신의 지식을 공유하지 못한다면 무용지물이 되고 만다. 그 밖의 어떤 업종이건 고객에게 신뢰와 안정감을 심어주며 업무 성과를 올리려면 철저한 세일즈 마인드를 갖춰야 한다.

미국의 야구선수 프랭크 베트거는 세인트루이스 카디널스 팀에서 뛰던 스타급 선수였다. 하지만 팔 부상으로 야구를 계속할 수 없게 되자 고향으로 돌아와 세일즈맨이 된다. 처음 보험회사에 입사한 그는 실패를 거듭하며 절망 속으로 빠져든다. 그런 그를 절망 속에서 일으켜 세워준 사람은 성공학에서 뛰어난 업적을 남긴 데일 카네기였다. 카네기는 그가 대인공포증을 극복하고 자신감과 열정을 되찾을 수 있도록 이끌어주었다. 프랭크 베트거는 결국 보험 세일즈에 종사한 20년 동안 전국 5위 안에 드는 큰 성공을 거둔다.

그는 자신의 저서 『실패에서 성공으로』를 통해 매우 중요한 메시지를 전하고 있다.

"세일즈의 핵심은 상대방이 원하는 것을 제대로 파악한 다음 그들이 취득할 수 있는 최선의 길을 찾도록 돕는 것이다."

아울러 그는 무언가를 팔려고 할 때 항상 '나' 중심이 아니라 '귀하'와 '귀하의 것'이라는 관점에서 말하라고 조언한다. 이것이 바로 세일즈 마인드다. 자기 자신과 자신이 가진 것을 상대가 원하는 방법으로 전달하는 것, 그것이 핵심 포인트다. 자기 자신을 드러내는 것이 중요시되는 미래 사회에서도 바로 이 세일즈 마인드는 성공하는 사람이 갖추어야 할 중요한 능력이 된다.

그럼 우리 아이들에게 세일즈 마인드를 심어주려면 어떻게 해야 할까? 사실 아직 어린아이들에게 이런 것을 가르치는 일은 쉬운 게 아니다. 하지만 세일즈 마인드의 기본이 되는 자기확신, 자신에 대한 믿음, 진솔하게 자신을 표현하는 능력 같은 것은 지금부터라도 얼마든지 길러줄 수 있다. 아이가 자기 자신을 믿고, 자신의 능력을 믿고, 사람들이 자신을 좋아한다는 것을 믿게 해주어야 한다.

일단 부모님이 아이를 믿고, 아이의 능력을 믿고, 아이를 있는 그대로 사랑하고 좋아한다는 것을 느끼게 해주어야 한다. 그런 것을 표현해줄 적절한 상황이 발생하지 않는다면 직접적으로 말해줘도 좋다. 아이가 자기 스스로 부모님의 충만한 믿음과 사랑 안에서 자랐다고 느끼면 이 아이는 어떤 물건이건 어떤 서비스건 자신감 있게 표현하는 능력, 즉 세일즈 능력을 키울 수 있다.

기회를 읽어내고 포착하는
능력이 필요하다

우리 아이들이 살아가는 미래 사회에서는 최고의 자리에 올랐다 하더라도 결코 방심할 수 없다. 세상은 빠르게 변화하고 새로운 인재들은 계속 시장에 쏟아진다. 성공을 잡기 위해서나 성공을 유지하기 위해서도 기회를 제대로 포착할 수 있는 능력은 필수적이다.

기회포착능력은 수학이나 영어처럼 정규 교육과정을 통해서 배우는 지식이 아니라 자기 분야에 대한 관심과 호기심, 취미, 그리고 지속적인 학습 등이 계속되면서 갖게 되는 실용 지식을 말한다.

기회포착능력을 키우기 위해서는 언제나 부지런하고 적극적이며 개방적이어야 한다. 머리와 가슴이 언제나 깨어 있어야 기회를 포착할 수 있다. 남이 가지 않은 길, 남이 볼 수 없는 곳에서 커다란 가치를 만들어내는 능력은 우리 아이를 미래 인재로 키워내는 최고의 능력이다.

"세상의 흐름을 아는 것이 장사의 요체다. 그 흐름을 모르면 남보다 뒤처지게 마련이다. 난세에 때만 기다림은 흐름을 잡아 결단을 내리는 것만 못하다. 어려운 일들이 의외로 성공적으로 이루어짐은 현실을 바로 파악하고 순발력 있게 적응을 잘해나갔기 때문이다. 항상 야린스키 처세정신 10조 연마를 게을리 하지 말라."

19세기 말엽 조선 최고의 부호였던 최봉준이 남긴 말이다. 그는 우리나라 은행들의 총자본금이 다 합쳐서 10만 원도 안 되던 시절에 500~600만 원을 움직일 정도의 거상이었다.

열두 살에 부모를 모두 잃고 외톨이가 된 최봉준은 돈을 벌기 위해 두만강을 건너게 된다. 그곳에서 그는 이리 떼에 내몰려 죽음에 직면하게 되는데, 이때 러시아 귀족 야린스키의 도움으로 목숨을 구하게 된다. 이후 최봉준과 야린스키의 인연은 7년간이나 계속된다.

그는 야린스키가 73세의 나이로 숨을 거둘 때까지 양아들 겸 별장지기로 지내게 된다. 그 사이에 열두 살 소년은 열아홉 살의 청년으로 성장하게 되고 야린스키는 그에게 별장과 농장, 그리고 '처세 10조'를 남기고 운명을 달리한다.

첫째, 가장 잘할 수 있는 일을 찾아라.

둘째, 명확한 목표를 세워라.

셋째, 할 수 있다고 믿는다면 정말 해낼 수 있다.

넷째, 상대의 입장에서 행동하라.

다섯째, 자기계발에 힘써라.

여섯째, 기회는 역경의 시기에 찾아온다.

일곱째, 성공은 냉철한 자기분석에서부터 시작된다.

여덟째, 경쟁보다는 협력을 하라.

아홉째, 실패를 귀중한 교훈으로 삼아라.

열째, 하루하루를 오늘이 마지막 날이라고 생각하라.

이 처세 10조를 바탕으로 하여 현실에 순발력 있게 대응하면 기회는 저절로 내 것이 된다는 얘기다.

우리 아이를 살펴보자.

"우리 아이는 부지런하고 지적 호기심이 왕성한가?", "상대방의 입장에서 생각할 줄 아는가?", "자신이 좋아하는 것이 분명하며 그 분야에 대해 촉각을 곤두세우고 있는가?", "다소 불안하더라도 그런 불확실성을 두려워하지 않고 자신을 던져 넣을 수 있는가?"

실패를 교훈으로 삼고 용기와 도전정신으로 무장해야 기회를 잡을 수 있다. 기회라는 것은 언제나 불안을 동반한다. 그렇기 때문에 용기가 없는 사람은 절대 잡을 수 없는 것이 바로 기회다. 아이가 기회를 읽고 그것을 순발력 있게 잡을 수 있는 인재로 성장하기 위해서는 섬세한 감각과 살아 있는 호기심, 시련에 굴복하지 않는 용기와 직관력을 개발해주어야 한다.

나의 개인적인 경험을 통해서 보더라도 지나치게 잘 닦여진 길을 걸어온 친구들 가운데는 불확실함 속에서 다가오는 기회를 볼 수 있는 안목을 가진 친구가 드물었다. 게다가 위험을 무릅쓰고 그런 기회를 잡고 도전했던 친구들은 더더욱 드물었다. 이런 생각을 할 때마다 부모가 자녀를 지나치게 보호하면서 키워서는 안 된다는 생각을 하게 된다.

요즘은 아이들을 위한 캠프가 참 많다. 어린이 경제학교, 자기계발 워크숍, 야외 수련회 등 마음만 먹으면 아이에게 얼마든지 다양한 경험을 제공할 수 있다. 이런 활동을 통해 아이들은 낯선 환경에 몸으로 부딪쳐 적응하고 두려움 없이 모험과 도전을 선택하는 용기를 배운다. 보다 개방적인 마음으로 친구들과 어울리고 적극적으로 움직이는 동안 자신에게 주어진 환경을 활용해 기회를 만드는 능력을 키워갈 것이다.

주변을 둘러보면 중학생이 되어서도 아직 어린애 티를 못 벗은 아이들이 많다. 특히 지나친 관심과 애정 속에서 부족함 없이 자란 외둥이들에게서 이런 현상이 자주 나타난다. 너무 귀하고 예뻐서 감싸고돌다 보니 아이가 스스로 치러야 할 발달 과정을 모두 부모님이 대신해줘 버리는 것이다. 그러나 당장의 편안함이나 성과가 중요한 것이 아니다. 이때는 모든 것을 탐색하고 시도하는 시기이기 때문에 큰 상처만 나지 않으면 밖에서 흙 좀 묻히고 굴러도 상관없고, 무모한 만용을 부려 어려움을 겪어보는 것도 나쁘지 않다. 그저 두려움 없이 도전하고 용감하게 부딪치며 온몸으로 감각을 익히는 것으로 충분하다. 실수를 하더라도 툭툭 털고 일어나는 아이로 길러야 한다.

"생각처럼 안 되네요. 내일 한 번 더 해볼게요."

생활 속에서 부딪치는 작은 실패를 경험으로 생각하는 건강한 아이 말이다. 이렇게 자란 아이는 적어도 망설이느라 제 앞에 다가온 기회를 놓쳐버리는 일은 없을 것이다.

위기에 능동적으로
대처할 줄 알아야 한다

봉제완구 단일 아이템으로 30년 동안 한 해도 빼놓지 않고 흑자경영을 성공시킨 양지실업 정석주 사장은 자신의 저서 『30년 흑자경영』을 통해 CEO(최고경영자)가 늘 가슴 깊이 새겨야 할 일곱 가지 당부를 하고 있다. 이 가운데 첫 번째로 꼽는 것이 바로 위기관리능력이다. 그는 어떤 위기상황에서도 회사가 살아남을 수 있도록 조치하는 것이 CEO가 해야할 일 중 으뜸이라고 지적하고 있다. 그에게 위기관리능력은 미래에 대한 전망과 사전준비의 의미를 지니고 있다.

"재해 등 통상적인 위기가 발생하였을 때 순발력을 발휘하여 임기응변으로 위기를 극복해야 한다는 의미로 위기관리능력을 해석해선 안 된다. 기업경영에서 발생할지도 모르는 경영의 위기를 극복할 수 있는 능력 있는 CEO가 되어야 한다. 사장은 대내외적으로 위기가 발생하지 않도록, 만약 위기가 발생해도 쉽게 극복할 수 있도록 모든 면에서 충실해야 한다. 사장은 미래를 예측하고 대비할 수 있는 계획과 전략을 수립하여 지혜로운 경영을 함으로써 지속적으로 위기관리능력을 키워야 한다."

위기관리능력이란 미래를 예측하고 대비하는, 보다 실질적이고 전략적인 행동양식을 가리킨다. 아이들과 우리 모두는 각자 인생의 CEO이다. 사업에서 위기관리능력이 필요한 만큼 인생에도 위기관리능력이 반드시 필요하다.

위기관리능력을 기르기 위해서는 일찍부터 미래에 대한 준비를 생활화해야 한다. 자신을 둘러싸고 있는 변화를 스스로 감지함으로써 장차 벌어질 변화를 가늠해보는 것이다. 그러면 자신에게 위협이 되는 상황이 어떤 것인지 찾아낼 수 있다. 이런 과정이 아이들을 불안하게 하고 부정적인 사고방식을 심어줄까 봐 걱정하는 부모님도 많다. 하지만 아이들에게는 근거 없는 낙관주의도 비관주의만큼 위험하다는 것을 기억해야 한다.

예를 들어 '왜, 열심히 공부를 해야 하는가?' 라는 질문을 놓고 이야기해 볼 수 있다. 특히 아버지가 아이들과 대화 시간을 갖고 미래에 대한 이야기를 들려주면 좋다. "공부에는 '미래의 기회를 잡기 위함'과 '위험을 대비하기 위함' 이라는 2가지 목표가 있다. 지금부터 10년 후가 되면 세상이 이렇게 저렇게 변화되어 있을 텐데, 그때가 되면 이런저런 일들이 일어나지 않을까. 네 생각은 어떠니?" 하는 식으로 대화를 이끌어간다. 아이들이 자신의 앞날에 대해서 생각해보도록 유도해주는 것이다. 한마디로, 생각하면서 살아가는 사람이 될 수 있도록 돕는 것이다.

한편 실패 경험이 없는 아이들은 어려움이 닥쳐오면 이내 자괴감에 빠져들게 된다.

"내가 뭘 잘못해서 이런 벌을 받는 거지?"

"왜 하필 내게만 이런 일이 벌어지는 거야?"

한창 감수성이 풍부하고 예민한 성장기 아이들이 이런 생각에 사로잡히면 자기연민에 빠져 허우적거리게 된다. 그래서 짜증을 내고, 자신이 바보 같다고 여기며, 왜 이런 일이 벌어질지 진작 몰랐을까 하고 자신을 책망하며 괴로워한다.

어려움이 닥쳤을 때는 마음을 가라앉히고 현실을 있는 그대로 바라보는 태도를 가져야 한다. 그러면 문제의 본질이 정체를 드러내게 되어 있다. 어떻게 해야 이 문제를 해결할 수 있을까 고민하는 것은 그 다음의 일이다. 자신의 잘못이나 실수를 후회하고 자신을 탓하는 것으로 허비할 시간이 없는 것이다. 자기 앞에 놓인 문제의 본질을 정확하게 바라보는 훈련을 많이 한 아이들은 미래를 예상해 자신이 통제할 수 있는 위험을 미리 계산하고, 이를 극적으로 관리해나가는 위기관리능력을 갖게 된다.

현실에 발을 굳게 딛고 살아가야 하지만, 항상 미래를 꿈꾸고 다가오는 미래를 준비할 수 있는 마음가짐과 자세를 갖고 살아가도록 도와주어야 하는 것은 바로 이 때문이다. 그래서 부모는 누구나 실수할 수도 있고 실패할 수도 있음을 가르쳐주어야 한다. 그리고 진짜 대단한 인물들은 이런 실수나 실패가 다가왔을 때 이를 비관적으로 보지 않고 툴툴 털어놓고 일어난다는 것, 나아가 이를 통해서 훗날 더 큰 성공을 거두기 위한 밑거름으로 활용한다는 것을 가르쳐주어야 한다. 절대로 곤경이나 난관에 압도되지 않도록 해야 함을 누누이 강조해주어야 한다. 야구 경기에서 흔하게 보듯, 위기 뒤에 기회가 오는 것처럼 우리네 삶도 마찬가지라는 점을 자주 자주 들려주어야 한다.

끊임없는 자기혁신을 통해 진화해나가야 한다

미래 사회에서 가장 두려운 일은 변화하지 못하는 것이다. 변화의 속도가 점점 빨라지는 환경 속에서 개인의 경쟁력은 얼마나 빠르게 자신의 지식을 업그레이드하느냐가 관건이다. 그래서 미래 인재는 어디서 무엇을 하건 자기혁신 능력을 갖춰야 한다. 이는 매일 새롭게 자신의 모든 것을 바꾸어가는 능력으로, 시간당 가치창조능력을 높여가는 것이다.

세계적인 명성을 가진 『뉴욕타임스』의 칼럼니스트인 토머스 프리드먼은 글로벌 경제에서 성공하는 국가들의 아홉 가지 습관을 이렇게 이야기한다.

"당신의 나라는 얼마나 빠른가? 지식을 수확하고 있는가? 얼마나 가벼운가? 친구를 잘 사귀는가? 개방할 수 있는가? 경영진은 깨어 있으며, 그렇지 못할 경우 교체는 가능한가?"

그의 질문들은 다음의 한마디로 집약할 수 있다.

"당신은, 그리고 당신이 속한 조직과 국가는 스스로 끊임없이 자기혁신을 할 수 있는가?"

개인은 개인대로, 기업은 기업대로, 그리고 국가는 국가대로 혁신이 필요하다. 그렇다면 우리는 어떤가? 스스로 혁신할 수 있는가? 지금 우리는 어떤 상황에 서 있으며, 우리 아이들은 어떤 시대를 살아가게 될지 되짚어봐야 한다.

글로벌화된 세상에서 눈에 보이는 하드웨어의 비중은 점점 작아지고, 눈에 보이지 않는 소프트웨어의 중요성은 날로 커지게 될 것이다. 소프트웨어란 다름 아니라 금융, 교육, 그리고 정치를 가리키는 것이다. 이들을 성공적으로 변화시켜 나가는 국가들은 지속적으로 성공할 것이고, 이런 문제들에 부닥쳐 이러지도 저러지도 못하는 상황에 빠져든 나라들은 결국 엄청난 비용을 지불하며 실패를 거듭할 것이다. 우리는 금융의 위기가 얼마나 치명적인 피해를 가져오는가를 경험한 바 있다.

국가의 혁신 능력이 중요한 것처럼 조직의 혁신 능력, 그리고 개인의 혁신 능력도 무척 중요하다. 도태되지 않고 계속해서 더 나은 삶을 누리기 위해서는 반드시 혁신 능력을 갖추어야 한다. 혁신 능력은 그냥 만들어지는 것이 아니라 어제보다 오늘, 오늘보다 내일 더 나은 사람이 되도록 끊임없이 노력하는 것이다.

그러나 반복되는 업무 안에서 자기혁신을 이룬다는 것은 말처럼 쉬운 일이 아니다. 대부분의 사람들은 가만히 있으면 도태될 것 같아 두려움에 떨고, 혁신을 하자니 어디서부터 어떻게 시작해야 할지 몰라 망설이게 되는 경우가 허다하다. 그래서 일찍이 혁신 능력을 키우고 혁신 습관을 길러야 하는 것이다.

혁신이란 게 얼핏 생각하면 모든 것을 한꺼번에 뒤엎어 완전히 새롭게 하는 것처럼 여겨질 수도 있다. 하지만 혁신은 끊임없이 자기 자신을 돌아보고 반성하는 가운데 생활 속의 작은 습관 하나하나를 바꿔가는 과정에서 이루어질 수 있다.

그렇다면 우리 아이들이 생활 속에서 실천할 수 있는 혁신은 어떤 것이 있을까? 너무 거창하게 생각할 필요는 없다. 아이들이 지속적으로 자신을 돌아보고 반성하며 작은 습관을 하나씩 바꿔가게 이끌어주면 된다. 그러기 위해서는 우선 혁신의 대상을 명료하게 정리할 필요가 있다. 자신의 생활과 행동과 지식을 유심히 살펴보면 변화가 꼭 필요한 구체적인 대상을 찾을 수 있다.

아이에게 일주일 정도 자신의 일과를 세부적으로 기록하게 해보는 것은 좋은 방법이 될 수 있다. 마치 CCTV를 통해 자신의 삶을 바라보는 것처럼 일주일 동안 눈에 보이는 모든 행동과 생각을 정리해보게 하는 것이다. 이렇게 아침에 눈 뜨면서부터 밤에 잠자리에 들 때까지의 자신의 일과를 하나의 프로세스로 보고, 그 과정을 하나하나 정리한 뒤 하나씩 테마를 정해 수정하고 업그레이드해가는 것이다.

이때 테마를 정하는 것은 부모님이 도와줘도 되지만, 가급적 아이가 직접 선택하게 하는 것이 좋다. 자발적으로 스스로를 바꿔가는 연습이기 때문이다. 게다가 아이들 입장에서도 부모님이 정해줬을 때보다 스스로 선택하고 결정했을 때 책임감이 더 많이 생겨서 훨씬 더 적극적인 자세를 보인다.

여기에 아이가 멘토나 역할모델을 선정할 수 있게 해주면 더 좋다. 아이더러 가까이에 있는 사람 중에 존경하는 사람, 본받을 만한 사람을 정하게 해서 그들의 생활방식을 따라 실천하게 하면 보다 쉽게 자기혁신에 접근할 수 있다. 이런 과정을 통해 아이들은 자신만의 자기혁신 방법을 찾아가게 된다.

원래 자기혁신은 시장 중심적이고 고객 중심적인 사고가 있어야 가능한 것이다. 시장과 고객이 원하는 방향으로 자신을 변화시켜나가야 자신의 가치를 높일 수 있다. 우리 아이들의 경우에도 마찬가지이다. 일방적인 자신의 욕구를 벗어나 글로벌화된 세계의 요구를 감지하고, 그에 맞춰 자신을 발전시켜나갈 수 있다면 미래 인재로 성장하는 일은 그리 어렵지 않을 것이다.

문화적 가치를 이해하고
활용할 줄 알아야 한다

 백범 김구 선생은 『백범일지』에서 우리 대한민국이 나아갈 길을 이렇게 말한 바 있다.

"나는 우리나라가 세계에서 가장 아름다운 나라가 되기를 원한다. 가장 부강富強한 나라가 되기를 원하는 것이 아니다. 나라의 부력富力은 우리 생활을 충족하게 할 만하면 되고, 나라의 강력強力은 남의 침략을 막을 만하면 족하다. 오직 한없이 가지고 싶은 것은 높은 문화의 힘이다. 문화의 힘은 우리 자신을 행복하게 하고, 나아가서 남에게도 행복을 주기 때문이다."

60여 년 전에 우리가 나아갈 길이 문화의 힘이라는 점을 강조한 백범 선생의 선견지명은 놀라울 정도다. 우리가 살아가고 있는 이 시대는 문화가 단순히 인간의 행복에만 기여하는 것이 아니라 문화 자체가 부가가치와 부壽의 원천이 되는 시대다. 이미 전문가들은 21세기는 문화 기반 경쟁시대가 될 것으로 예견하고 있으며, 국가의 문화력과 기업의 문화경쟁력은 상품과 서비스의 부가가치를 높이는 척도가 될 것임을 강조하고 있다. 일본 최대의 싱크탱크인 노무라종합연구소는 문화의 중요성을 다음과 같이 정의하고 있다.

"21세기는 창의성이 경쟁력이 되는 창의성의 시대로, 아이디어가 생산수단이고, 창의성이 비교우위 요소이며, 문화력이 국력의 원천이 되는 시대다."

이제 많은 기업들이 문화투자를 통해 창조경영을 일구어가고 있다. 기업들은 문화 공헌을 중장기적인 마케팅 방식으로 활용하고 있으며, 문화예술에 대한 지원과 활용을 통해 기업과 예술의 파트너십을 이루고 있다. 나아가 기업의 문화투자는 조직 구성원들의 내부 만족도를 높이며, 문화 활동을 통해서 구성원들의 상상력과 창조성을 한 단계 끌어올려 스스로 창의적인 인재로 변신해나갈 가능성을 높여준다. 기업은 예술에 투자하고, 문화예술로부터 발전에 필수적인 창의성을 배우는 것이다.

우리 아이들이 살아갈 미래 사회에서 문화와 예술의 가치는 더욱 부각될 것이고, 인간은 문화예술의 향기 속에서 휴식과 아름다움을 찾아 위로를 청하게 될 것이다. 문화란 우리가 먹고 잠자는 것과 분리되어 있는 것이 아니다. 우리의 생활 자체가 문화가 되고 예술이 되기 때문에 산업화가 가속화될수록 문화의 가치는 상승될 수밖에 없다. 그러니 문화의 가치를 알고 그것을 향유할 줄 아는 능력도 미래 사회의 경쟁력이 된다. 그리고 문화는 창조성의 기초가 된다. 창조하는 능력의 중요성이 커지면 커질수록 문화의 가치는 더욱 높아질 것이다.

문화적 취향이란 하루아침에 이루어지는 것이 아니다. 우리 아이들이 문화적 가치를 이해하고 체화하며, 나아가 이를 적극 활용할 수 있도록 어려서부터 다양한 문화적 자극을 제공해주어야 한다. 어려서부터 문화적 경험을 충분히 한 아이와 그렇지 않은 아이는 같을 수가 없다. '문화적 충격'이란 말처럼 문화는 개인에게 정신적 쇼크를 불러올 만큼 막강한 영향력을 발휘하는 것이다.

발레 공연에 가보면 실제로 잠을 청하는 사람들이 있다. 그런데 이런 사람에게 업무상 발레와 관련된 제안이 들어왔다면 어떨까? 예를 들어, 그가 광고주인데 광고기획자가 "이번 광고 컨셉은 발레리나가 어떻겠습니까?" 이런 제안을 해온다면 "발레? 그런 지루한 걸 누가 좋아하겠어?" 하고 일언지하에 거절하거나 그의 기획력을 고루하다고 폄하해버릴 것이다.

물론 발레를 보고 즐길 줄 알면 문화적인 사람이고, 그렇지 않으면 문화에 무지한 사람이라는 얘기는 아니다. 다만, 산업사회가 고도화될수록 문화예술의 가치와 효용성은 확대될 터이니 우리 아이들에게 일찍부터 다양한 문화 경험을 쌓아주어야 한다는 얘기다. 아이와 함께 박물관을 둘러보며 전통문화에 대해 얘기도 나눠보고, 집 근처에서 전시회가 열리면 그림이야 볼 줄 알건 모르건 한 바퀴 둘러보자. 요즘은 백화점이나 마트 같은 곳에서도 다양한 문화공연을 기획하고 있다. 이런 곳은 언제 어떤 차림으로 찾아가도 부담이 없으니 기회가 닿을 때마다 놓치지 말고 경험해보기 바란다. 부모님이 잘 알아서 아이들에게 설명해주지 못한다 해도 괜찮다. 그저 아이들에게 문화적 경험을 풍부하게 해준다고 생각하면 된다.

"엄마도 오페라는 처음이야. 우리 팸플릿 사서 함께 볼까?"

이러면서 아이와 경험을 나눈다면 아이는 점차 다양한 문화에 익숙해질 것이다.

오페라나 발레 한 편 봤다고 갑자기 생활의 격조가 높아지는 것은 아니지만, 이런 문화를 누려본 사람과 그렇지 않은 사람 사이에는 차이가 있게 마련이다. 이런 작은 노력이 쌓이면 아이는 풍부한 감성의 소유자이자 창조를 주도할 수 있는 인물로 자라날 것이다.

다른 사람들과
더불어 사는 것도 기술이다

'할리우드 방식'이란 게 있다. 할리우드에서 영화를 만들 때는 제작자와 감독을 중심으로 각 분야 최고의 스태프들을 영입한다. 능력이 뛰어난 사람들은 조직에 붙박이로 일하는 것보다 프로젝트에 따라 모였다 흩어지는 경우가 많기 때문이다. 군이 견고하고 보수적인 조직에 몸담고 있지 않아도 실력만 갖추면 얼마든지 좋은 일을 맡을 수가 있는 것이다. 그런데 할리우드 영화처럼 대형 프로젝트도 사람이 하는 일이다 보니 아무리 실력이 뛰어난 사람도 다른 사람들과의 관계가 매끄럽지 못하면 좋은 프로젝트에 합류하기가 어렵다. 촬영이 하루만 지체되어도 수억 원의 제작비가 날아가는 것이 영화 제작 현장이다. 그런데 사람 사이에 불협화음이 발생해 촬영이 펑크나

기라도 한다면 그 보상을 누가 해주겠는가. 그래서 할리우드 방식에서는 대인관계 능력을 매우 중요한 가치로 평가한다.

우리 아이들이 살아갈 미래 사회에서도 할리우드 방식은 매우 중요한 사회생활 방식으로 통용될 것이다. 물론 시간이 흐른다고 해서 지금 같은 조직의 구성과 활동이 사라지는 건 아니지만 지금보다는 훨씬 더 할리우드 방식이 성행하게 될 것만은 분명하다. 그러나 어차피 사회구조는 효율성을 중심으로 발전해나가게 되어 있다. 견고한 조직조차 이미 성과 위주로 움직이고 평가를 하고 있다. 그러니 효율성 측면에서 보자면 굳이 큰 비용을 들여가며 크고 방만한 조직을 운영해야 할 이유가 없는 것이다. 최고의 팀을 짜서 특정 프로젝트를 성공시킨 다음 상황이 종료된 후 해산하면 그만이다. 그리고 다음 프로젝트가 생기게 되면 또 다른 팀을 구성해서 하면 된다.

아이들에게 10대 때부터 대인관계의 틀을 잡아주어야 하는 것은 바로 이 때문이다. 할리우드 방식에서는 해당 분야 전문가들의 추천이나 평판이 성공의 지름길이 된다. 그러니 실력이 좋더라도 사람들과 관계 맺는 데 서툴다면 좋은 기회를 잡기 어렵게 된다. 나아가 함께 일하는 사람들을 제대로 관리하지 못하면 이런 시스템에서는 살아남을 수 없게 된다. 프로젝트 팀을 구성하다 보면 매번 팀의 리더와 팀원이 달라진다. 이번 프로젝트에서 팀장이었던 사람이 다음 프로젝트에서는 팀원이 될 수도 있고,

또 이번 프로젝트에서 팀원이었던 사람이 다른 프로젝트에서는 팀의 리더가 될 수도 있다. 그러니 실력을 쌓는 일이나 실력을 다른 사람들에게 인정받는 일이나 똑같이 중요하게 되었다. 여기에서 대인관계 능력은 더욱 중요하게 부상하는 것이다.

굳이 할리우드 방식으로 일하지 않더라도 마찬가지다. 조직 내에서도 타인의 평판을 무시하고 독불장군으로 살아갈 수 있는 사람은 없다. '무엇을 알고 있느냐'가 진정한 실력이라면 '누구를 알고 있느냐'는 그것을 압박할 만큼 위력적인 경쟁력이다. 휴먼 네트워크는 내게 부족한 능력을 채워 나의 완성도를 높여준다. 아이가 원만한 대인관계를 만들어가기 위해서는 일찍부터 아이가 자신의 호감도를 높이고, 자신을 보다 긍정적으로 어필할 수 있도록 이끌어주어야 한다.

늘 친구의 이야기를 잘 들어주고 칭찬과 격려로 사기를 북돋아주도록 하며, 자기가 맡은 일은 늘 깔끔하게 처리해 친구들뿐만 아니라 주변 사람들에게 피해가 가지 않도록 해야 한다. 그러면서 자기 일, 자기 공부를 열심히 하면 원만한 친구관계를 만들 수 있다. 아이의 친구관계는 단순히 아이의 대인관계가 원만하냐, 아이가 리더십이 있느냐 하는 수준을 넘어서 미래 인재의 중요한 요건이 될 것이다. 미래 사회에서는 다른 사람들과 더불어 사는 것이 아주 중요한 성공 기술 중 하나가 될 테니 말이다.

4장

아이를 바꾸려면 부모가 먼저 달라져야 한다

부모가 바르게, 열심히 살아가는 모습을 보고 자란 아이들은 절대 잘못될 일이 없다. 자신의 인생에 대해 책임감 있게 살아야 한다는 것을 일찍이 눈으로 보고 몸으로 체득한 까닭이다. 부모가 어떤 사람인지, 인생은 어떻게 살아가야 하는지 부모님이 몸소 보여주면 아이들은 굳이 가르쳐주지 않아도 부모에 대한 존경심, 올바른 생활의 태도, 미래에 대한 꿈 등 모든 것을 한꺼번에 배우게 된다. 그래서 나는 "부모의 삶 속에 감동이 있어야 한다"는 말을 자주 한다. 나역시 그렇게 살기 위해 노력하는 사람들 중의 하나다. 돌아가신 아버지와 어머니를 생각할 때면 나는 늘 '감동'이란 단어를 떠올린다. 두 분이 평생 동안 베풀어주신 노고를 생각하면 지금도 정직하게, 그리고 치열하게 살아가지 않을 수 없다. 정직함과 치열함, 그 두 단어를 평생 동안 품고 살아갈 수 있다면, 어디서 무엇을 하건 성공하지 않겠는가?

미래를 읽을 줄 아는
안목을 길러야 한다

요즘은 좀 익숙해질 만하면 새 교과과정이 발표되어 학부모나 학생들은 물론, 교사들도 적응하기 바쁘다. 대학입시 방식도 수시로 바뀌고, 특목고에 대한 정책도 자주 달라지고 있다. 교육정책의 변화에 따라 공부 계획이나 방법 등을 조금씩 바꾸는 노력을 기울여야 하겠지만, 그런 교육정책의 변화에 관계없이 세상은 자기 나름의 관성에 따라 큼직큼직한 트렌드를 만들면서 변화해간다. 이때 부모들은 세상의 트렌드를 파악할 수 있어야 한다. 결국 부모가 갖는 미래에 대한 안목에 의해 아이들의 진로나 아이들의 미래를 어떻게 지원해주어야 하는가 하는 문제가 결정되기 때문이다.

아이들을 남보다 앞서나가는 미래 사회의 인재로 키우기 위해서는 부모가 먼저 세상의 큰 변화의 흐름을 알아차리고 이에 맞는 교육방침을 마련해야 한다. 급변하는 세계정세와 국내외 경기의 흐름, 직업의 세계, 생활 문화의 변화까지 전체적인 윤곽을 파악할 수 있어야 한다. 그렇다고 해서 전문가처럼 세세한 부분까지 정확하게 내다볼 수 있어야 한다는 것은 아니다. 다만 미래의 변화에 대한 전체적인 윤곽 정도는 파악할 수 있어야 하고, 이런 변화가 아이의 현재에 던지는 의미를 생각할 수 있어야 한다.

그렇다면 우리 아이들이 살아갈 미래를 읽어내는 방법은 무엇일까? 미래를 읽기 위해서는 호기심을 가져야 한다. 앞으로 일어날 일에 대해 스스로 얼마만큼 궁금증을 갖고 접근하느냐가 중요하기 때문이다. 호기심은 작은 정보라도 신중하게 대하고 주변에서 일어나는 일들을 세심한 관찰력을 갖고 대할 수 있게 한다. 호기심은 또 사람들과 주고받는 대화 속에서 중요한 정보를 끄집어낼 수 있는 힘이기도 하다.

보통 사람들은 주변에서 일어나는 일에 대해 무심히 지나친다. 그러나 아이들의 미래에 관심이 많은 사람들은 '미래는 어느 날 갑자기 나타나는 것이 아니라 현재 일어나는 일에서 실마리를 찾을 수 있다'는 믿음을 갖고 있다. 때문에 자신이 접하는 정보를 그냥 흘려보내지 않고 그 중에서 의미 있는 정보들은 두뇌에 차곡차곡 축적하는 나름의 습관을 갖고 있다. 정보를 축적하는 데 가장 좋은 방법은 메모하는 습관이다.

두뇌 속에 정보 저장고를 얼마만큼 충실하게 갖고 있는가도 중요하다. 이 저장고에는 지식을 모으는 일도 중요하지만, 그보다 평소 뇌에 저장된 정보와 지식을 언제든지 꺼내 사용할 수 있게 준비하는 것이 더 중요하다. 위대한 수학자 히로나카 헤이스케는 자신의 저서 『학문의 즐거움』에서 이런 말을 한 적이 있다.

"인간의 두뇌는 기억한 것의 극히 일부분밖에 끄집어내지 못한다. 그러나 뇌에 수많은 정보를 축적하고 있는 것은 엄연한 사실이다. 따라서 사람은 '잊어버리는' 것이 아니라 '정보를 뇌에 축적한 후 끄집어내지 못할 뿐'이라고 하는 게 정확한 표현일 것이다. 다시 말하면 '바로 꺼내 쓸 수 있는' 정보는 얼마 되지 않지만, 방대한 양의 정보가 '바로 꺼내 쓸 수 없는 형태'로 뇌에 축적돼 있는 것이다."

정보를 머릿속에 입력하기 위해선 신문이나 잡지를 부지런히 읽는 등 새로운 정보를 풍부하고 다양하게 접해야 한다. 그리고 미래학 전문가들이 쓴 신간이 나오면 항상 챙겨서 읽어야 한다. 우리나라는 특히 외국서적의 번역물이 많이 나오기 때문에 조금만 관심을 기울이면 미래학 전문가들의 정보와 지식을 자신의 것으로 만들고 자녀교육의 지침으로 활용할 수 있다. 전문가들의 강연도 도움이 된다. 그리고 평소에 어떤 변화를 만나게 되었을 때 '이런 변화가 내 아이의 미래에 어떤 의미가 있을까?' 이런 질문을 자주 던질 수 있다면 축적한 정보와 아이의 미래 사이에 연결 고리를 만들 수 있다.

해외 선진국의 교육정책이 어떻게 바뀌고 있는지 살펴보는 것도 미래를 읽는 안목을 키우는 데 도움이 된다. 선진국의 교육정책은 전문가들의 고민이 만들어내는 최종 결과물이기 때문에 각국 전문가들의 안목을 통해 미래 사회의 방향을 예상해볼 수 있는 좋은 계기가 된다.

교육의 균등한 기회를 주창하던 프랑스를 비롯한 유럽 대학들은 대학 교육의 하향평준화 때문에 골머리를 앓고 있다. 경쟁력 없는 대학생의 양산은 오히려 경제성장을 저해하는 결과를 낳게 된 것이다. 이제 이들은 교육 부문에서 경쟁을 도입하는 교육개혁을 위해 다양한 노력을 기울이고 있다. 엘리트를 키우는 것만이 글로벌 사회에서 생존할 수 있는 유일한 방법이라는 것을 깨달은 것이다.

하지만 그 와중에도 미국의 교육은 계속 진화하고 있다. 복수 전공을 통해 시각을 넓히고 지독하리만치 치열한 수업과 독서, 토론 등으로 진짜 실력을 갖춘 인재를 양성해낸다. 요즘은 법학, 경영학, 회계학 등의 학문에 수학과 과학 테크놀로지를 결합시킨 서비스 과학까지 등장했다. 물론 미국 역시 공교육의 경쟁력 하락 문제 때문에 골머리를 앓고 있다.

우리 대학의 현실도 크게 다르지 않다. 기업에선 인재가 없다고 아우성인데, 고학력 실업자들은 늘어만 간다. 이건 무슨 뜻일까? 대학에서 제대로 된 인재를 키워내지 못하고 있다는 뜻이다. 대학이 경쟁력을 잃으면 그 나라도 경쟁력을 가질 수 없다. 사회 변화를 주도하는 인재를 양성하고 지식을 산출해내는 것이 대학 본연의 임무이니 말이다.

2007년 『타임스』가 선정한 세계대학순위를 살펴보면 서울대학교가 51위, 카이스트가 132위에 랭크되어 있다. 세계경제순위 11위(IMF 2007)의 나라치고는 실망스러운 순위다. 최근 우리나라 대학들은 대대적인 개혁을 단행해야 함을 절실하게 인식하고 있고 일부 대학을 중심으로 이런 움직임이 일어나고 있다. 유럽이 미국을 좇아 교육정책을 수정해가듯 우리 역시 우리보다 한 발 앞서 시행착오를 겪은 유럽의 선례를 따라가며 시행착오를 줄여나갈 것이다. 이런 국제적인 변화상이 우리 아이들이 살아갈 미래 사회에도 영향을 미칠 것이다.

미래 사회는 경쟁, 개방, 글로벌화, 격차의 확대, 지식 중심의 사회 등과 같은 트렌드를 중심으로 하는 거대한 흐름이 형성될 것이며, 이에 따라 독특한 지식을 만들어낼 수 있는 능력을 가진 사람들에게 엄청난 기회가 허용될 것이다.

아이의 남다른 적성과
재능을 읽어내야 한다

하버드대학의 교육심리학과 교수인 하워드 가드너 교수가 내놓은 다중지능이론은 인간의 지능을 여덟 가지 영역으로 나누어 설명하고 있다. 간단하게 설명하면 사람은 누구나 논리수리지능, 언어지능, 공간지능, 음악지능, 신체지능, 대인관계지능, 자기이해지능, 자연탐구지능 등 여덟 개 영역의 지능을 갖고 있으며 사람마다 특화된 영역이 다르다는 것이다. 자신의 분야에서 성공을 이루려면 이 여덟 개 영역 중 가장 뛰어난 분야의 일을 해야 한다. 자녀교육을 설계할 때도 마찬가지다. 여덟 개의 지능 중 우리 아이가 가장 잘할 수 있는 분야를 찾아내 이를 계발하고 발전시키면 직업적인 성공 확률도 훨씬 높아진다.

학교를 졸업한 이후 특별한 성과를 만들어낸 사람들의 공통점 가운데 하나는 자신이 강점을 가진 지능과 전공, 그리고 직업 사이를 잘 연결했다는 점이다. 하지만 대부분의 부모는 아이를 학교 성적만으로 평가하려 든다.

"우리 애가 또 반장을 맡아왔지 뭐예요!"

"일단 과학고 준비중이긴 한데, 두고 봐야죠, 뭐."

어머니들의 자식 자랑은 주로 이렇게 공부에 치중해 있다. 아이가 공부를 잘하는 것만큼 부모를 즐겁게 하고 자랑스럽게 하는 일도 없기 때문이다.

공부가 미래를 준비하는 데 가장 중요한 일임을 어느 누구도 부인할 수는 없다. 나 역시 자식을 키우면서 '현재 너의 직업은 공부하는 일이다' 라고 강조한다. 하지만 모든 부모들이 지금보다 훨씬 더 자주 공부 이외에 다른 부분에 대한 칭찬과 자랑도 해주었으면 좋겠다.

물론 공부를 잘한다는 건 참 좋은 일이다. 공부 잘하면 크게 걱정할 일도, 크게 돈 들일 일도 없다. 저 알아서 열심히 하니까 잔소리를 늘어놓지 않아도 되니 부모나 아이나 모두 편하다. 하지만 모든 부모님들이 바라는 'SKY' 에 다니는 아이들 중에도 적지 않은 아이들이 갈등과 고민에 휩싸여 있다. 일류 대학에 들어가면 모든 문제가 사라질 것만 같았는데, 막상 그곳에 들어와서도 고민은 사라지지 않는다. 이들은 자신의 존재 의미를 묻는

철학적인 질문부터 시작해 생활 전반을 진지하게 고민한다.

아무 생각 없이 대학만 바라보고 달려온 아이들은 대학에 들어온 뒤 갑자기 너무 많은 자유와 선택권이 주어지는 데 부담을 느끼며 몸을 움츠린다. 오로지 눈앞에 주어진 공부에만 몰두하다 보니 스스로 어떤 문제를 객관적으로 이해하고 판단할 수 있는 기회조차 갖지 못한 것이다. 심지어는 대학 수강신청을 어머니와 의논해서 하고, 취업면접에도 어머니를 대동하고 오는 학생들이 있다고 하니 '캥거루세대'나 '헬리콥터 부모'가 왜 문제가 되고 있는지 단적으로 설명해주는 듯하다.

요즘은 정말 취업하기가 힘들다. 그래서 나는 신입사원들을 상대로 하는 강연을 할 때마다 "정말 수고하셨습니다. 정말 장합니다"라는 격려를 아끼지 않는다. 그런데 그렇게 어렵게 들어간 직장을 얼마 가지 않아서 그만두어 버리는 젊은이들이 의외로 많다. 어떤 조사는 신입사원들 10명 중에 7~8명이 전직을 심각하게 고려하고 있다는 조사 결과를 내놓기도 한다. 전직의 중요한 이유는 기대한 것과 다른 직장 분위기나 일도 큰 비중을 차지하지만 무엇보다도 스스로 그 일이 자신에게 잘 맞지 않는다는 점 때문이다.

우리 아이들이 청년기에 이런 문제를 겪게 되는 것은 자신에게 주어진 자유와 책임을 다루는 연습을 해본 적이 없기 때문이다. 청소년기에 자유나 자율을 맛볼 기회가 없었기 때문에 청소년기에 들어선 뒤에야 비로소 학과 선택을 고민하고, 전과를 하고, 휴학하고, 또다시 시험을 봐서 대학엘 들어가며 시간을 허비하는 것이다. 특히 부모님이 골라준 학교와 학과에 들어온 아이들, 적당히 점수 맞춰서 들어온 아이들은 더 많이 방황한다. 이미 청소년기에 완수했어야 하는 발달과정들을 청년기에 이르도록 해결하지 못하고 있으니 심리적인 젖떼기를 끝내지 못한 것이다.

부모가 아이들에게 제시해줘야 하는 것은 정답이나 목적지가 아니라 아이들이 스스로 정답을 찾아가도록 돕는 가이드라인이다. 부모는 아이가 옆길로 새지 않도록 멀찍이서 보호막을 쳐줄 뿐 목적지를 찾는 것이나 길을 선택하는 것은 아이들 스스로 할 수 있게 해야 한다. 이때 가이드라인의 기준이 되는 게 바로 적성과 재능이다. 일단 적성에 맞는 일을 찾기만 하면 아이들은 흥미를 보이고 자발적으로 참여한다. 흥미와 자발적 참여는 열정을 발휘하게 만들고, 결국은 남다른 재능을 드러나게 해준다.

집에서 이루어지는 여러 사교육과 과외활동들은 아이의 적성과 재능을 찾아내는 데 첫 번째 목적을 두어야 한다. 아이가 피아노를 칠 때도 체르니 50번까지 쳤는지, 바흐까지 쳤는지가 중요한 게 아니다. 아이가 피아노 치는 걸 좋아하고 스스로 음악을 즐길 줄 아느냐를 살펴봐야 한다. 또 아이가 어버이날 글짓기에서 상을 받아오면 자신의 생각을 거짓 없이 글로 표현할 줄 아는지 점검해봐야 한다. 우리 아이가 무얼 좋아하고 무얼 잘하는지만 발견해내도 부모의 역할을 절반은 했다고 할 수 있다.

이제부터라도 아이에게 시선을 돌려 부모의 적성이나 취향, 그리고 욕심이 아니라 아이의 적성을 찾아야 한다. 아이가 어떤 사물이나 사람, 현상에 호감을 나타내는지, 어떤 도구나 매체에 민감하게 반응하는지, 이야기를 하거나 자신의 욕구를 표현할 때 주로 어떤 방법을 사용하는지 등을 눈여겨보면 아이의 흥미와 가능성을 파악할 수 있다. 아이들은 직관적으로 자신의 흥미를 찾아갈 수 있기 때문이다.

그냥 남들이 다들 전망이 있다고 하는 사실에 근거해서 전공을 선택해버린 다음에 얼마 가지 않아서 후회하는 부모들을 만날 때면 난감함과 무책임함, 그리고 약간의 분노마저 느끼게 된다. 조그만 물건을 하나 살 때도 요모조모 따지게 되는데, 아이들이 무엇을 아주 잘하고 흥미를 느끼는지를 충분히 고려하지 않고 아이의 미래를 결정해서는 안 된다.

부모는 아이의
가장 좋은 역할모델이다

"백 마디 말을 들려주는 것보다 하나라도 행동으로 보여주는 것이 훨씬 더 효과적입니다. 만일 부모가 결단력과 책임감을 갖고 있고 낙천적인 태도를 보여줄 수 있다면 '자녀를 잘 키우는 법'에 관한 책들은 모두 불쏘시개로 사용해도 무방합니다."

정신과 전문의인 고든 리빙스턴이 자신의 저서 『너무 일찍 나이 들어버린 너무 늦게 깨달아버린』에서 한 얘기다.

배우는 것은 흉내내는 것에서 시작된다. 아이들은 언어를 습득하기 이전부터 부모를 관찰하고 정보를 수집해 나름대로 해석하는 과정을 거친다. 부모들이 생각하는 것보다 훨씬 일찍부터 부모를 평가하기도 한다. 아이들이 부모를 닮는 것은 유전적인 경향이 매우 강하지만, 아주 어릴 때부터 부모를 관찰하며 무의식적으로 부모의 표상을 갖게 되는 비중도 무시할 수 없다. 부모는 아이들이 접하게 되는 첫 번째 성인인 동시에 다른 누구와도 비교할 수 없을 만큼 친밀한 관계를 형성하고 있기 때문에 아이들의 성격과 인성, 습관 등을 모방하고 내재화하는 중심인물이 된다.

하지만 사춘기 전후의 아이들에게 부모는 부담스럽고 불편한 대상이다. 자신의 성장배경을 마련해주는 지지자이면서도 한편으로는 자신의 발달욕구를 철저하게 방해하는 통제자 역할을 하기 때문이다. 이 시기의 아이들이 부모에 대해 이율배반적인 감정을 갖게 되는 것이다. 하지만 심리적 욕구에 비해 아직은 인지적인 면이나 신체 발달 측면에서 미숙하기 때문에 스스로 출구를 찾지 못하고 모순된 모습을 보인다.

원하는 대학에 떨어지고 재수를 하던 수영이는 마음속에 불평불만이 가득했다. 공부를 제법 잘했는데도 원하는 대학에 못 들어가고 재수생이 되었으니 마음이 편할 리 없었다. 수영이는 어머니가 옷이며 음식을 신경써주는 것도 신경질이 나고, 저녁마다 버스정류장에 나와서 기다리는 것도 숨이 막혀서 견딜 수가 없었다. 제 마음속에 불평이 가득하니 어머니가 잘해줄수록 더욱 화가 치미는 것이다. 그래서 몇 날 며칠을 어머니하고 말을 안 하고 지낸 적도 있었다.

그러던 어느 날 아침에 학원에 갔는데 자신의 자리에 하얀 편지봉투가 하나 놓여 있더란다. 받는 사람 이름도 없고 해서 처음에는 옆자리에다 던져두었는데, 자꾸만 신경이 쓰였다. 강의실 자리가 정해진 건 아니었지만 거의가 늘 앉는 자리에만 앉기 때문에 누군가 자기 보라고 갖다놓은 것 같아서였다. 수영이는 조심스레 편지를 열었다.

"힘들 때는 네 어머니를 생각하라."

편지에는 이 문장 하나만 적혀 있었다.

수영이는 화가 버럭 치밀었다. 그렇잖아도 아침부터 어머니 때문에 짜증이 치미는데 이 발신인도 없는 편지까지 어머니타령이니 울컥 화가 올라왔다. 수영이는 편지를 집어던지고는 그 일을 잊어버렸다. 그런데 그날 이후로 이 글귀가 머릿속에서 떠나질 않았다. 특히 힘이 들어서 누군가에게 기대고 싶다는 생각이 들 때면 어김없이 어머니가 떠올랐고, 그러면 차츰 불안한 마음이 누그러지곤 했다. 어느덧 어머니를 생각하는 것이 수영이의 습관이 되어버렸다. 누가 왜 보냈는지조차 알 수 없는 그 편지가 마법이라도 건 것처럼 어머니를 마음속에 품고 지내는 사이 수영이의 마음은 어느새 치유가 된 것이다.

이듬해 우리나라 최고 대학교의 학생이 된 수영이는 자신에겐 어머니만한 우상이 없다고 말한다. 어머니는 단 하루도 인생을 낭비하지 않고 살아온 분이며, 자신의 인생을 희생하고 양보해 수영이와 두 남동생을 길러주신 분이라고 자신 있게 말한다. 언제든 기댈 수 있는 어머니라는 언덕이 있었기에 다른 것들을 일체 돌아보지 않고 자신의 길을 찾아갈 수 있었다고 말한다.

실제로 어머니와의 애착을 잘 형성한 사람들은 어머니를 안전기지로 여기고, 어려움을 겪을 때마다 어머니를 찾게 된다. 이런 안전기지를 갖고 있는 아이들은 새로운 것을 탐색하는 데 두려움이 없고 변화를 즐거워한다. 힘이 들 때 돌아올 곳이 있으니 앞으로 나아가는 데 두려움이 없는 것이다. 또한 이들은 부모의 뒷모습을 바라보며 한 발 한 발 전진해 나간다. 부모의 모습이 긍정적으로 자리를 잡고 있으니 그 표상이 이끄는 대로 나아가기만 하면 되는 것이다. 아이를 진취적이고 적극적인 사람으로 키우고 싶다면 부모가 먼저 모범을 보여주면 된다. 아이는 부모의 일거수일투족을 비추는 거울이다.

아이들 교육에 있어 부모들이 가장 신경을 쓰는 부분은 객관적으로 좋은 환경, 금전적으로 보다 넉넉한 환경을 만들어주는 것이다.

"돈 걱정 없이 저 하고 싶은 공부 마음껏 할 수 있게 해주고 싶어요."

그런데 아이러니하게도, 아이들은 돈이나 환경으로 크는 건 아닌 것 같다. 그런 물리적인 조건만 놓고 보자면 엘리트는 전부 재벌가에서 나와야 하겠지만 현실은 좀 다르다. 물론 재벌가 아이들이 대를 이어 재벌이 되는 것이 현실이지만 그 아이들이 모두 성공했다고 할 수는 없을 것이다. 겉으로는 멀쩡하고 화려하지만, 속으로 멍이 들어 있는 경우가 적지 않기 때문이다. 아이들에겐 경제적 충족감도 필요하지만, 정말 중요한 건 부모가 어떻게 살았느냐 하는 것이다.

부모가 바르게, 열심히 살아가는 모습을 보고 자란 아이들은 절대 잘못될 일이 없다. 자신의 인생에 대해 책임감 있게 살아야 한다는 것을 일찍이 눈으로 보고 몸으로 체득한 까닭이다. 부모가 어떤 사람인지, 인생은 어떻게 살아가야 하는지 부모님이 몸소 보여주면 아이들은 굳이 가르쳐주지 않아도 부모에 대한 존경심, 올바른 생활의 태도, 미래에 대한 꿈 등 모든 것을 한꺼번에 배우게 된다. 그래서 나는 "부모의 삶 속에 감동이 있어야 한다"는 말을 자주 한다. 나 역시 그렇게 살기 위해 노력하는 사람들 중의 하나다. 돌아가신 아버지와 어머니를 생각할 때면 나는 늘 '감동'이란 단어를 떠올린다. 두 분이 평생 동안 베풀어주신 노고를 생각하면 지금도 정직하게, 그리고 치열하게 살아가지 않을 수 없다. 정직함과 치열함, 그 두 단어를 평생 동안 품고 살아갈 수 있다면, 어디서 무엇을 하건 성공하지 않겠는가?

항상 깨우치기 위해
노력하는 모습을 보여줘라

준영이의 아버지는 대학교수다. 자기 분야에서는 어느 정도 명성을 얻고 있는 전문가다. 전공이 토목인데, 관련 자격증이 수두룩하고 기술사도 2개나 갖고 있다. 주위에서 아버지에게 '자격증 수집이 취미냐?'며 놀리지만 모두들 부러워서 하는 소리다. 실제로도 준영이 아버지는 공부가 취미다. 박사학위를 받은 뒤에도 왕성하게 논문을 쓰고 있고, 40대 중반에 접어들었는데도 아직도 꿈이 많다.

그런데 재미있는 것은 준영이 어머니도 몇 년 전부터 대학 공부를 다시 시작했다는 것이다. 물론 결혼 전에 이미 대학을 나왔지만, 남편이 책을 쓸 때 자료 정리라도 도와주고, 또 나중에 남편이 사업을 하면 조금이라도 보탬이 될까 싶어 토목과에 진학했다.

그랬더니 준영이네 3남매도 하루 종일 서재에서 산다. 주말 아침 7시면 온 가족이 일어나 앉아서 과일 한 접시씩 먹고, 각자 자기 공부를 한다. 중학교 3학년과 2학년, 늦둥이 초등학교 2학년생까지 준영이네 집 아침은 책장 넘어가는 소리 외에는 조용하다.

아이들에게 '공부해라' '책 읽어라' 소리 할 필요가 없다. 준영이네처럼 부모가 항상 공부하고 연구하는 자세를 보여주면 아이들은 자연스럽게 따라하게 되어 있다. 아이들에게 아무리 공부하라고 해봤자 생각만큼 효과를 거두긴 어렵다. 그렇잖아도 하루 종일 공부만 하는 아이들에게 공부하란 소리가 듣기 좋을 리 없지 않겠는가. 학교에서도 선생님들이 과목별로 돌아가면서 공부하라고 야단이지, 담임선생님은 아침, 저녁으로 '공부타령'을 해대니 공부 소리만 들어도 지겨운 것이 당연하다. 그렇잖아도 힘든 우리 아이들을 너무 공부 얘기로만 몰아세운다면 오히려 역효과를 불러올 수 있다. 요즘 아이들 걸핏하면 '비뚤어질 테다' 하고 농담처럼 말하는 걸 보면 '달리는 말에 채찍질'도 요즘 같은 상황에서는 부정적인 결과를 초래할 수도 있다는 생각이 들곤 한다.

"다 너 잘되라고 하는 소리야."

아이들 반응이 시큰둥할 때마다 부모들은 그렇게 얘기한다. 하지만 아이들은 왠지 그런 말이 엄마, 아빠 좋자고 하는 소리처럼 들린다고 한다. 이 또래 아이들의 특징이다. 우리나라처럼 교육열 높은 나라에서 과학이나 의학 분야의 노벨상이 나오지 않는 이유는 무엇일까? 다들 돈 버는 공부만 하느라 학문에 매진하는 사람은 별로 없다는 것이다. 이 점에 있어 우리는 유대인과 큰 차이를 갖고 있다.

머리가 좋다는 점에서, 교육열이 높다는 점에서 우리나라 사람과 유대인은 자주 비교되곤 한다. 그런데 통상적으로 노벨상 수상자의 30퍼센트가 유대인이라고 한다. 우리나라는 노벨상다운 노벨상 후보에 오른 인물은 없다. 그나마 문학 쪽이지 의학이나 과학 쪽은 유력한 후보를 낸 적조차 없다. 그 내막을 들여다보면 유대인들의 전통적인 자녀관이 영향을 끼치고 있음을 알수 있다. 유대인들은 자녀의 사회적 출세보다는 자녀가 자신이 좋아하는 '공부'를 하도록 가르친다. 아이들에게 자신의 인생에 대해서 책임을 지고 살아가도록 강조한다는 점에서 유대인과 우리는 큰 차이를 보이는 것이다.

아이들에겐 그냥 생활 속에서 항상 공부하는 자세를 갖고 있는 부모의 모습을 보여주는 것이 가장 중요하다. 모르는 영어단어가 나오면 바로바로 사전을 찾아보고, 생활 속에서 아이와 함께 사용해본다. 또 텔레비전을 보다가도 모르는 인물이나 책에 관한 이야기가 나오면 메모를 해두었다가 꼭 알아보도록 한다. 이런 과정을 아이와 함께 하면 더욱 좋다.

"빌 브라이슨이 누구야? 넌 들어봤어?"

정말 궁금하다는 표정을 지어 보이며 아이를 동참시키는 것이다. 그리고는 인터넷을 통해 검색해보고, 다음번에 서점에 나가면 그의 책을 한 권 사다 읽어보고 아이에게도 권해준다. 부모가 항상 이렇게 지적인 호기심을 표출하고 생활 속에서 그것들을 해결해나가는 모습은 아이들에게 아주 좋은 자극제가 된다. 굳이 가르치지 않아도 '모르는 게 나오면 저렇게 바로바로 찾아봐야 하는 거구나' 하고 생활 속의 습관이 되는 것이다.

나는 직업이 읽고 쓰는 일이라서 일반 직장에 다니는 사람들과 조금 차이가 있을 수 있다. 하지만 나는 항상 무엇인가를 보면 궁금해하고, 궁금함을 풀기 위해 책이나 인터넷을 찾아보고, 그리고 그렇게 새로운 사실을 깨우친 것을 두고 무척 기뻐하는 모습을 보여준다. 바로 이렇게 아이들 앞에서 실천하는 모습을 보여주면 아이들은 '어떻게 살아야 하는가?'에 대해서 스스로 깨닫게 된다. 학습에 대한 태도와 마음가짐도 마찬가지다. 아버지와 어머니가 어떤 생활태도를 갖고 있느냐에 따라 아이들도 자신만의 방향을 설정하게 된다.

커뮤니케이션의 기술을
익혀야 한다

세대 간에 커뮤니케이션 상의 오해가 발생하는 것은 당연한 현상이다. 살아온 시대가 다르고, 현재의 나이가 다르니 당연히 말이 안 통하는 것이다. 말 그대로 한 세대, 서른 살이나 차이가 나는 아이들과 제대로 소통하기 위해서는 제대로 된 커뮤니케이션 기술을 익혀야 한다. 물론 요즘 40대들은 남녀를 막론하고 커뮤니케이션의 중요성에 대해 모르는 사람이 없을 것이다. 직장생활을 하고 있다면 더욱 그렇고, 전업주부인 어머니도 크게 다르지 않다. 대인관계의 성패는 바로 이 커뮤니케이션의 성패에 달려 있다고 해도 무리가 아니다.

하지만 바깥사람들과는 원활한 커뮤니케이션을 위한 온갖 노력을 다하면서도 정작 중요한 가족들과의 커뮤니케이션에는 소홀한 경우가 많다. 그냥 이심전심이려니 하는 것이다. 그러나 말로 해도 이해하기 어려운 게 사람 마음인데, 말도 안 하고 노력도 하지 않고 상대방이 알아주기를 바란다면 그건 정말 잘못된 행동이다.

"엄마하곤 말이 안 통해. 정말 내 마음을 모른다니깐!"

아이가 이렇게 말한다면 부모와 자식 간의 커뮤니케이션에 문제가 있다는 얘기다. 또 가끔은 이런 얘기도 듣게 된다.

"엄마는 이것도 몰라? 엄마 진짜 세대차이 난다."

이럴 때마다 어머니들은 '뭐야? 내가 늙었다는 거야?' 하는 생각이 들며 어린 자녀를 상대로 억울해하고 서운해한다. 하지만 세대가 다르니 세대차이가 나는 것은 당연하다. 중요한 것은 커뮤니케이션 방법을 개선함으로써 그것을 극복하는 것이다.

커뮤니케이션 능력은 학습과 훈련을 통해 얼마든지 단련할 수 있다. 다른 사람들에게 더 나은 방법을 배우고 개선해나가려고 노력하면 금세 효과를 거둘 수 있다. 커뮤니케이션에서 중요한 것은 자신의 의사를 분명하게 전달하고, 상대방의 얘기를 분명하게 듣고 이해하는 것이다. 그러기 위해서는 무엇보다 상대방의 말을 잘 들어야 한다. 그냥 듣는 척하는 것이 아니라 제대로 듣는 노력을 기울여야 한다.

예를 들어 아이가 학교 선생님들이 마음에 안 들어서 전학을 가고 싶다고 얘기한다고 하자. 황당한 의견이지만, 아이의 생각이니 일단은 들어주어야 한다. 아이가 어떤 이야기를 하건 충분히, 그리고 끝까지 정확하게 들어주는 것이 가장 중요하다. 그리고는 재차 물어서 확인한다.

"그래, 무슨 얘긴 줄 알겠어. 네 얘기는 선생님들이 마음에 안 드니까 좋은 선생님이 많은 학교로 전학을 가고 싶다는 거지?"

이렇게 아이의 의견을 반복해서 확인하는 과정을 거친다. 그리고는 아이의 마음에 공감을 해주어야 한다.

"선생님들이 그렇게 마음에 안 든다니 참 속상하겠다. 좋은 선생님을 만나는 것도 정말 복인데 말이야."

그러면 아이는 엄마가 내 마음을 이해해주는구나 하고 안심을 하게 된다. 이때 아이에게 질문을 던진다.

"그런데 다른 학교로 전학을 갔는데, 그 학교 선생님들도 마음에 안 들면 어떡하니? 다시 전학을 갈 수는 없잖아."

그리고 여기에 덧붙여 현실을 인식하게 해준다.

"게다가 다른 학교는 아무리 가까워도 20분은 버스를 타고 가야 할걸? 그렇다고 해서 우리 집이 그쪽으로 이사를 가기도 어려운 상황이고 말이야. 버스 타고 학교 다니는 거 정말 힘들어. 버스를 20분 타려면 아침에 적어도 한 시간은 일찍 일어나야 하는데, 너무 피곤하지 않겠어?"

그 다음으로 아이가 취할 수 있는 대안을 제시한다.

"그리고 사람은 누구나 다 다르지 않니? 이 다음에 사회생활을 하더라도 너와 비슷한 사람을 만나기가 오히려 어렵단다. 그렇다면 다른 사람들을 그냥 있는 그대로 인정해주면 어떨까. '아, 저분은 저렇게 생각하는구나, 나는 이렇게 생각하는데' 하는 식으로 서로의 차이를 자연스럽게 받아들여보면 어때."

이쯤 이야기하면 아이들은 대부분 생각을 수정하게 된다. 자신이 선택한 전학이라는 방법은 선생님에 대한 불만족을 해소하기에 썩 현명한 방법은 아니라는 생각을 하게 되는 것이다. 이렇게 아이 스스로 자신의 생각을 수정하게 해야 성공적인 커뮤니케이션이 이루어졌다고 할 수 있다.

아이들과 효율적으로 커뮤니케이션을 하기 위해서는 다음 몇 가지 원칙을 기억해야 한다. 첫째, 아이의 입장에서 바라보는 습관을 가져야 한다. 아이에게 이야기를 할 때는 이야기의 내용이나 형식이 아이에게 어떻게 비춰질 것인가를 미리 고려해야 한다. 그러면 불필요한 오해로 인한 갈등을 줄일 수 있다.

둘째, 가능한 한 명확한 표현을 사용하도록 한다. 모호한 문장은 자칫 오해를 낳을 수 있기 때문에 아이와 대화를 나눌 때는 가급적 명료한 표현을 사용하는 게 좋다. 그리고 자신의 이야기가 제대로 전달되었는지 이따금 확인해보는 방법도 도움이 된다.

셋째, 편견을 갖지 말고 긍정적으로 대해야 한다. 아이가 아직 어려서 뭘 모를 거라거나 부모의 말은 무조건 들어야 한다는 식의 선입견을 갖고 대화를 하게 되면 아이는 불만을 갖게 된다.

넷째, 어머니에게 인정받고 싶어하는 아이들의 마음을 충분히 배려해야 한다. 최악의 커뮤니케이션은 자기 이야기만 잔뜩 늘어놓는 경우이다. 특히 부모가 이렇게 나오면 아이들은 모든 이야기를 '잔소리'로 치부해버린다. 커뮤니케이션의 최고 방법은 경청임을 잊지 않도록 해야 한다. 잘 듣는 것만으로도 커뮤니케이션에서 상당한 성과를 거둘 수 있다.

다섯째, 가급적이면 아이의 말에 호응을 보여야 한다. 격려나 칭찬을 하는 것도 도움이 된다. 만일 또 아이의 요구나 부탁을 거절하더라도 아이의 입장을 먼저 생각해야 한다.

커뮤니케이션 분야의 강연자인 래니 어레돈은 『커뮤니케이션의 기술』이란 책에서 이렇게 말한 바 있다.

"사람들은 당신이 어떻게 기대하는가에 따라 살아나기도 하고 가라앉기도 한다. 비판적이고 깔보는 이름표를 달아주고 부정적으로 기대하면 그에 준한 행동을 하게 되고, 부정적 반응을 촉발하게 된다. 굳이 낙인을 찍어야 한다면 긍정적인 모습을 부각시키는 이름표를 붙여주자."

상대는 바로 우리 아이들이다. 아이에게 부모는 언제나 믿음을 주는 사람이고 격려라는 선물을 건네는 사람이 되어야 한다. 아이의 말과 행동을 객관적으로 받아들이고, 긍정적으로 바라보는 것을 습관화해야 한다.

아이에겐 항상
긍정적인 메시지를 전달한다

"우리의 어리석은 사고가 언어를 단정치 못하고 부정확하게 만들지만, 언어가 단정치 못하면 우리는 어리석은 사고를 하기 쉽다."

영국 출신의 작가인 조지 오웰의 명언이다. 부정확하고 천박한 언어는 부정확하고 어리석은 사고를 가져올 뿐만 아니라 어리석은 행동을 낳는다. 우리들은 아이들에게 반듯하고 단정한 언어를 사용하라고 늘 권하지만, 부모 자신도 잘못된 언어습관이 몸에 배어 있는 경우가 많다. 언어는 사고를, 그리고 사고는 행동을 낳게 된다.

중학생이 되면 생활반경이 넓어지면서 거의 성인 수준의 언어생활이 가능해진다. 이 시기에 말로 상처를 받으면 평생 지워지지 않을 수 있기 때문에 주의해야 한다. 아이들에겐 항상 긍정적인 메시지를 전달하여 아이가 자기 자신에 대한 긍정적인 평가를 가질 수 있도록 이끌어주어야 한다.

특히 10대 중반에 이르면 자녀 입장에서도 나름대로 부모를 평가하게 된다. 사회적 도덕 체계가 생성된 까닭이다. 아이들은 부모가 서로에게 욕을 한다거나 서로를 비하하는 말을 하면 '우리 부모님이 그다지 존경할 만한 사람들은 못 되는구나' 하는 생각을 하게 된다. 때문에 아이들 앞에서 부부싸움은 금물이다. 부부싸움을 하며 서로에게 욕을 하고, 심지어 아이들에게까지 그런다면 아이들의 자아존중감 형성에도 큰 지장을 초래할 수 있다.

이런 일을 당하게 되면 아이들은 자신이 부모에게 방해가 되는 존재라고 여기게 되고, 자신은 욕을 먹어도 마땅한 나쁜 아이라고 생각하게 된다. 자기 자신에 대해 이렇게 부정적인 이미지를 형성하게 되면 아이들은 잘못된 행동을 할 가능성이 높아진다. 자신은 나쁜 아이니까 나쁜 친구들과 어울리며 나쁜 짓이나 일삼는 게 당연하다고 무의식적으로 판단하게 된다. 이때는 '네 탓이 아니다'라고 말해도 이미 너무 늦다. 자칫 평생을 가도 지워지지 않는 상처가 남게 된다. 특히 아이들이 듣는 앞에서 아이의 존재에 대해 부정적인 표현을 사용하지 않도록 해야 한다.

"쟤만 안 낳았어도 우리가 이렇게 힘들지 않을 텐데."

"저애는 도대체 누굴 닮아서 저러는지 모르겠어요. 도무지 이해할 수가 없어요."

이런 이야기는 절대로 해서는 안 된다. 현실이 어떻건, 상황이 어떻건 아이는 보물이며 축복이라고 말해야 한다. 그냥 빈말이라도 습관적으로 그렇게 말해야 한다. 사소하게 '툭' 던지는 말이라 하더라도 부모의 말은 아이에게 주술이 되기 때문이다. 아이들은 무의식적으로 부모가 말하는 대로 움직이려는 경향이 있다. 그것은 아주 본능적이다.

이제는 아이엄마가 된 소연 씨도 어머니의 말 한마디 때문에 잠시 집을 나간 경험이 있다. 어머니와 언니가 하는 이야기를 우연히 엿듣게 되었는데, 그것이 화근이었다.

"막둥이는 왜 낳아가지고 늙도록 이 고생인지……."

소연 씨는 그날 밤으로 가방을 챙겨 들고 집을 나왔다. 앞뒤 사정은 들어볼 것도 없다고 생각했다. 어떤 경우라도 어머니가 자신을 그렇게 생각할 리는 없을 거라고 믿어왔는데, 일순간에 그 믿음이 깨진 것이다. 비록 친구네 집에서 하룻밤 보내고 돌아오긴 했지만, 그날의 상처는 성인이 되어서도 쉽게 가시지 않았다. 그때 일만 생각하면 어느새 중학교 2학년생의 마음으로 되돌아가 서러운 생각이 든다.

또 집안의 어려운 이야기를 아이들이 시시콜콜 알게 하는 것도 썩 좋은 것은 아니다. 아이들에게 현실을 정확하게 알게 하는 것이 좋다고 판단해서 집에 대출금이 얼마나 있는지, 아버지 월급이 얼마나 적은지 이야기하는 것은 아이들에게 우울한 정서를 심어줄 수 있기 때문에 바람직하지 않다. 어찌해 볼 도리가 없는 아이들에게까지 굳이 고통에 동참하게 만들 필요는 없다. 말을 하지 않더라도 아이들은 분위기만으로도 부담감을 갖게 된다.

"이 집을 살 때 은행에서 돈을 좀 빌렸지만, 이젠 거의 다 갚았어. 엄마, 아빠가 열심히 일하면서 알뜰하게 살고 있으니까 별 걱정 없단다" 하는 정도면 충분하다. 또 아이에게 가족 중의 누군가에 대해 부정적인 이야기를 반복적으로 하는 것도 좋지 않다.

"네 아빠가 능력이 없어 우리 가족이 고생을 하는 거 아니니."

이런 이야기도 절대 삼가야 할 가족 간의 대화이다. 거듭해서 이런 이야기를 듣다 보면 아이들도 어머니의 부정적인 견해를 그대로 받아들여 아버지를 무시하게 된다. 자신의 아버지를 무시하는 아이는 올바른 미래상을 형성하기 어렵다.

그러나 집안의 경제가 정상적으로 돌아가는 경우라면 집의 경제 사정을 어느 정도 알려주는 것도 괜찮다. 이는 아이들에게 경제에 대한 감각을 익히도록 하고 스스로 책임감을 갖도록 하는 데 도움이 되기 때문이다. 그리고 아이들 역시 부모가 가족을 부양하는 것이 결코 만만찮은 일이라는 사실, 그리고 이에 걸맞게 자신이 무엇을 해야 하는가를 깨우치게 하는 데도 도움이 될 것이다.

146

www.book21.com

21세기북스

설득의 심리학 ❶❷
로버트 치알디니 외 지음 | 각 권 12,000원

100만 독자를 사로잡은 '설득의 바이블'

'예스'는 정말 단순한 말이다. 하지만 동료, 고객, 소비자, 심지어 가족들에게 이 말을 듣기란 쉬운 일이 아니다. 적어도 설득 과정의 비밀을 알지 못한다면 거의 불가능하다. 이 책은 우리에게 강력하고 가치 있는 설득의 비밀을 알려주는 데 그치지 않고, 빠른 시간 안에 목표를 달성할 수 있도록 도와준다.

육일약국 갑시다
김성오 지음 | 값 12,000원

사람을 낚는 마음경영의 힘

우리나라에서 가장 작은 4.5평의 약국을 마산의 랜드마크로 만들어낸 의지의 사나이 김성오. 600만 원의 빚으로 시작한 약국에서 시가총액 1조 원 기업체의 CEO가 되기까지 자신만의 독특한 경영철학으로 무일푼 성공신화를 이루어낸 그의 독창적 노하우를 밝힌다.

블링크
말콤 글래드웰 지음 | 이무열 옮김 | 값 13,000원

시대를 움직이는 리더는 뛰어난 블링커였다

1초가 생사와 성패를 가르는 초고속 시대는 사람들에게 빠르고 정확한 결정력을 요구한다. 말콤 글래드웰은 전 세계를 떠들썩하게 했던 여러 사건들을 예로 들면서 재치 있게 이야기를 풀어감으로써 읽는 이를 책 속으로 빨아들인다.

인문의 숲에서 경영을 만나다 ❶❷

정진홍 지음 | 각 권 15,000원

인문학적 깊이가 건널 수 없는 차이를 만든다!

인문학 정신의 울림이 인문의 숲에서 퍼져나가 우리의 삶과 기업과 국가의 미래를 바로 세울 수 있기를 간절히 바라는 마음으로 책을 낸 정진홍 박사. 이 책을 읽는 순간 인문을 향한 열정이 어떻게 남과 다른 나를 만드는지, 어제와 다른 오늘을 만들 수 있는지 깨달을 것이다.

위키노믹스

돈 탭스코트 외 지음 | 윤미나 옮김 | 값 18,000원

웹 2.0이 바꾸고 있는 새로운 경제 패러다임

과거 소수의 집단이 세상을 움직였다면 지금은 모든 사람들이 미래 경제를 이끌어가는 주체로 활동하고 있다. 이 책은 '웹 2.0'으로 상징되는 새로운 경제 패러다임인 '위키노믹스'로의 세계 변화를 설명하고 기업의 대처 방향과 방법을 제시한다.

완벽에의 충동

정진홍 지음 | 값 12,000원

열정이 인생을 아름답게 한다!

세계 최고의 바이올린 제작자 스트라디바리, 양팔이 없고 양다리도 짧지만 예술가로서 또 한 아이의 어머니로서 당당하게 살아가고 있는 앨리슨 래퍼 등 삶의 단 한 순간도 놓치려고 하지 않았던 사람들의 특별한 메시지를 전한다.

2005
SERICEO
선정도서

톰 피터스의 미래를 경영하라

톰 피터스 지음 | 정성묵 옮김 | 값 35,000원

세계적인 경영 구루 톰 피터스의
미래 비즈니스 바이블!

미래에는 강력한 브랜드를 가진, 디자인이 뛰어난 기업만이 살아남을 것이며, 뛰어난 인재를 가진 회사만이 성공할 수 있다. 톰 피터스의 핵심 이론을 가장 잘 시각화한 구성으로 고정관념을 넘어 새로운 경제경영서의 모델을 보여주는 책이다.

2004
SERICEO
선정도서

칭찬은 고래도 춤추게 한다

켄 블랜차드 외 지음 | 조천제 옮김 | 값 10,000원

대한민국에 칭찬 열풍을 일으킨 화제의 책

직장과 가정에 놀라운 변화를 이끄는 칭찬의 힘을 통해 성공적인 인간관계를 위한 기분 좋은 메시지를 전한다. 집안의 가장으로서, 회사의 간부로서 가족과 직원들에게 열정과 희망을 불러일으키고자 하는 사람들을 위한 훌륭한 지침서이자 안내서다.

북리뷰
추천

프레임

최인철 지음 | 값 10,000원

프레임을 바꾸면 인생이 확 바뀐다!

세상을 바라보는 마음의 틀, 프레임! 이 책은 우리가 세상을 어떤 틀로 바라보고 매순간 삶을 어떤 식으로 선택하는가에 대한 통찰력을 제시한다. 다양한 예제와 연구결과를 통해 보다 지혜로운 선택 방법이 무엇인지 알려준다. 또한 자신의 한계에서 벗어날 수 있는 지혜와 희망을 준다.

2004
SERICEO
선정도서

실행에 집중하라

래리 보디시 외 지음 | 김광수 옮김 | 값 12,000원

간과하기 쉬운 경영의 기본을 되짚다!

똑같이 우수한 비전과 전략을 수립하였음에도 왜 어떤 기업은 승승장구하는데 어떤 기업은 실패하는가? 대부분 실패의 원인을 전략이나 발상 및 시스템에서 찾지만, 실제로는 비전과 전략의 차이보다 그것을 성과로 만들어내는 실행력의 차이가 근본 이유다.

북리뷰
추천

그림 읽는 CEO

이명옥 지음 | 값 15,000원

시각을 바꾸는 순간 새로운 세상이 창조된다

동서양을 막론하고, 명망 있는 귀족이나 부호들은 왜 예술작품에 열광하였는가? 예술작품, 특히 그림 속에는 그 당시의 시대상이 반영되어 있고, 이를 바라보는 화가 자신이 창조한 세계가 그려져 있기 때문이다. 이 책은 화가가 그림을 그리는 과정에서 터득한 창조의 방법을 작품과 함께 설명함으로써 보다 쉽게 명화를 통해 창조의 조건을 배울 수 있도록 한다.

북리뷰
추천

시 읽는 CEO

고두현 지음 | 값 12,000원

시에서 발견하는 앞서가는 지혜

한국경제신문사 기자이자 시인인 고두현은 20편의 시를 통해 격려, 열정, 희망, 배움, 배려, 모험, 시간, 일상, 관계, 도전 등 인생 전반에 걸쳐 고민되는 화두 아래 스스로에 대한 성찰, 성공과 행복에 대해 깨닫고 구체화할 수 있는 지혜를 제공한다.

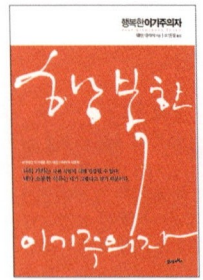

공병호, 미래 인재의 조건

공병호 지음 | 값 12,000원

미래 생존능력 지금 당장 개발하라

직장인 희망정년 57.5세, 그러나 직장인 스스로 느끼는 체감정년은 49.8세다. 그만큼 평생직장은 과거의 꿈일 뿐, 현실에서 미래를 바라보는 불안감은 상상 이상이다. 저자 공병호는 불안감을 해소하려면, 부단한 자기계발이 최우선 되어야 한다는 점을 강조하면서 20여 년 동안 스스로 실천에 옮긴 '자기계발 실천 사례담'을 소개한다.

행복한 이기주의자

웨인 다이어 지음 | 오현정 옮김 | 값 10,000원

행복한 사람은 이기적이다!

행복한 사람은 먼저 자신을 사랑한다. 남보다 자신을 배려하고, 다른 사람의 눈치도 보지 않는다. 자신을 사랑함으로써 당당하고, 스스로를 인정함으로써 자유로운 그들이 바로 '행복한 이기주의자'다.

빌 브라이슨, 발칙한 유럽 산책

빌 브라이슨 지음 | 권상미 옮김 | 값 13,800원

빌 브라이슨표 유머로 가득한
삐딱하지만 따뜻한 유럽 여행기!

타고난 유머의 소유자이자, 베스트셀러 『나를 부르는 숲』, 『거의 모든 것의 역사』의 저자 빌 브라이슨. 그가 유럽대륙의 최북단 함메르페스트부터 이스탄불까지 여행하면서 일어난 일들을 특유의 해학으로 풀어내 읽는 내내 웃음을 자아내게 만든다.

굿바이 허둥지둥

켄 블랜차드 외 지음 | 조천제 외 옮김 | 값 10,000원

업무습관만 고쳐도 능률이 2배로 오른다

매사에 허둥대는 주인공 밥은 어쩌면 우리들의 자화상일지 모른다. 벌여놓은 일은 많은데 딱히 성과도 없고 마감의 압박에 이래저래 마음만 바쁜 직장인들. 하지만 일을 미루는 습관으로는 결코 성공할 수 없다. 중요한 것부터, 우선순위를 정해 열정적으로 일하라. 일하는 습관이 당신의 미래를 결정한다.

공병호의 초콜릿

공병호 지음 | 값 10,000원

현대인을 위한 맛있는 성공 잠언

오랜 시간 저자가 성찰해온 메시지가 카툰과 어우러져 '초콜릿'으로 재탄생했다. 삶의 속도가 빨라져 통제가 불가능하다고 생각될 때, 자신과의 만남을 통해 삶의 행복을 만끽하기를 권한다.

마음의 해부학

토머스 해리스 지음 | 조성숙 옮김 | 값 15,000원

전 세계 1,500만 명의 삶을 변화시킨 심리학 고전!

살면서 이따금씩 상대방에게 유치한 행동으로 반응하거나, 부모가 된 듯 충고를 늘어놓을 때, 자신이 왜 이런 행동을 했는지 모를 때가 있다. 이 책은 '교류분석'이라는 개념으로 그 원인을 밝혀낸다. 또한 자기 이해와 변화를 이끌 수 있는 방법을 제시하며 실제 삶에 적용할 수 있도록 돕는다.

인간의 얼굴을 한 세계화

조지프 스티글리츠 지음 | 홍민경 옮김 | 값 25,000원

노벨 경제학상 수상자 스티글리츠의
세계화 통찰과 미래 청사진

지금까지의 세계화가 지구촌의 빈익빈 부익부를 심화하고 있다는 비판과 함께 지구온난화, 부채, 지적재산권제도, 천연자원, 다국적기업, 글로벌준비제도 등 여러 영역에 걸쳐 구체적인 개혁방안을 제시하면서 미래의 제대로 된 세계화를 위한 밑그림을 그려준다.

THE BOX

마크 레빈슨 지음 | 김동미 옮김 | 값 25,000원

컨테이너 박스는
어떻게 세계경제의 흐름을 바꿨는가

20세기 후반 세계 경제에 지대한 영향을 끼친 컨테이너 박스. 이 책은 누구도 주목하지 않았던 컨테이너 박스가 인터넷에 비견되는 혁명적 도구란 사실을 알아보고, 이를 경제학적으로 심도 깊게 파헤친 최초의 책이다.

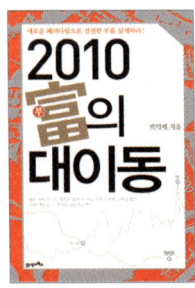

2010 부의 대이동

박덕배 지음 | 값 12,000원

부동산 불패 신화는 없다
새로운 패러다임으로 부를 설계하라

부의 축적 수단이었던 부동산, 더 이상 당신의 미래를 보장하지 못한다. 인구감소, 고령화 사회, 구조조정의 일상화 등 사회구조가 급격히 변하면서 금융자산이 개인에게 중요해졌기 때문이다. 저자는 금융지식에 눈뜨지 않으면 2010년 이후, 외환위기보다 더 큰 고통에 빠질 수 있다고 경고한다.

핫스팟

린다 그래튼 지음 | 조성숙 옮김 | 값 15,000원

조직을 뜨겁게 타오르게 하는 지점, 핫스팟을 찾아라!

세계시장을 주도하는 기업들의 공통점은 직원들의 흥미를 자극하는 놀라운 유도장치를 설계한다는 것이다. 그 안에서 구성원들은 생산성과 활기를 느끼며 신나고 도전적인 일에 매달리게 된다. 이 순간에 아이디어가 전염되고 새로운 가능성이 모습을 드러낸다. 그 지점이 바로 핫스팟이다!

한국형 마케팅

조서환, 추성엽 공저 | 값 35,000원

현대차, 삼성전자, KTF 등 생생한 초인류기업 사례를 총망라했다!

GE가 아닌 삼성전자의 브랜드 전략, AT&T가 아닌 우리나라 이동통신 시장의 특성과 마케팅 전략, 말도 많고 탈도 많은 카드사들의 프로모션 방법 등을 600여 페이지에 걸쳐 풍성하게 담은 책. 이 책을 통해 브랜드에 적합한 최고의 운영전략은 어떻게 짜야 하는지에 대한 명확한 답변을 찾을 수 있을 것이다.

르네상스 창조경영

최선미, 김상근 지음 | 값 15,000원

미켈란젤로처럼 생각하고 메디치처럼 경영하라

'창조경영'이 기업의 사활을 결정짓는 중요한 요소가 된 만큼, 오늘날 모든 기업의 CEO들이 창조적 영감을 얻기 위해 다양한 방법을 시도한다. 이 책은 르네상스 거장들의 삶을 통해 창조적인 습관을 발견하고, 이를 실제 경영의 차원에서 응용할 수 있도록 한다.

10년 법칙

공병호 지음 | 값 10,000원

세상은 이제 프로페셔널을 원한다!

모든 일에는 성공을 가능하게 하는 법칙이 엄연히 존재한다. 따라서 10년을 어떻게 사느냐에 따라 직업인으로서 설 수 있는 최정상의 자리, '전문가'의 반열에 오를 수 있는 것이다. 10년 법칙을 자기 것으로 살아낸 사람은 인생 자체를 성공가도에 안착시키는 것이다. '10년 법칙'은 곧 성공의 법칙이다.

공병호의 자기경영노트

공병호 지음 | 값 10,000원

하고 싶은 일에만 집중하라

자신의 삶을 디자인하고 관리할 줄 아는 사람, 불확실한 미래를 준비하고 스스로를 경영하는 사람만이 성공과 행복을 거머쥘 수 있다. 이 책은 베스트셀러 『80/20법칙』의 핵심 메시지를 한국상황과 각 개인의 라이프스타일 변화에 초점을 맞추어 새롭게 재구성했다.

공병호의 독서노트 시리즈(총 5권)

공병호 지음 | 각 권 12,000원

수많은 핵심 도서를 단번에 읽는다

주제별로 고전과 명저를 모아 중요한 부분을 발췌해 소개한 이 시리즈는 저자의 리딩 가이드까지 덧붙인 독특한 형식으로 구성했다. 읽고는 싶은데 엄두가 나지 않는 책들을 하나하나 섭렵해 나가는 길을 제시한 '책 읽기 나침반'이라 할 수 있다.

[공병호의 독서노트 시리즈]
미래편 | 창업자편 | 창의력편 | 경영법칙편 | 미국편

비전으로 가슴을 뛰게 하라

켄 블랜차드 외 지음 | 조천제 옮김 | 값 10,000원

직(職)보다 평생의 업(業)으로 승부하라

더 이상 조직의 이상과 개인의 이상이 일치하지 않는다. 나를 이끌어 주는 것은 나의 비전뿐이다. 명확한 비전이 있다면 목표를 향해 매진할 수 있다. 이 책이 주는 교훈은 놀랍도록 간단하면서도 실질적이고 강력하다. 자신에게 명확한 비전만 세운다면 날마다 활기차게 열정적으로 살아갈 수 있을 것이다.

경호

켄 블랜차드 외 지음 | 조천제 옮김 | 값 8,500원

이제 경호정신으로 하루를 시작한다!

이 책은 조직에 열정을 불러일으키고 생산성을 향상시키며 놀랄 만한 실적을 가져다줄 혁명적인 노하우와 테크닉을 다람쥐, 비버, 기러기가 가지고 있는 특별한 생존 방식에 비유하여 친근하면서도 감동적으로 설명한다.

하이파이브

켄 블랜차드 외 지음 | 조천제 외 지음 | 값 9,000원

최고의 팀워크를 구축하는 4가지 비결

이 책은 경쟁이 심화될수록 우리에게 진정 필요한 것은 한 사람의 영웅이 아니라 모두를 영웅으로 만드는 팀워크임을 강조한다. 저자는 하나의 목표를 달성하기 위해 함께 협력하고 행동하는 팀, 즉 팀워크의 가치와 구축방법을 탁월하게 묘사해낸다.

작은 소리로 아들을 위대하게 키우는 법

마츠나가 노부후미 지음 | 이수경 옮김 | 값 10,000원

아들은 차갑게 키워라

남자의 본성에 맞게 교육시키는 '강한 아들 교육법'을 소개하고 있는 책. 한시도 가만히 있지 못하고 머릿속에 떠오른 생각을 행동으로 풀어야 직성이 풀리는 것은 남자의 타고난 특성! 이 책은 남자아이의 본성을 살리는 교육법을 소개한다.

딸은 세상의 중심으로 키워라

마츠나가 노부후미 지음 | 이수경 옮김 | 값 10,000원

전략적인 부모가 경쟁력 있는 딸을 만든다

딸로 태어난 엄마들조차 미처 알지 못했던 딸의 특성과 본성에 맞는 기발한 교육법을 알려주는 자녀교육서. 진정으로 딸을 세상의 중심으로 키우는 길은 강요만 하는 것이 아니라, 어릴 적 딸의 감성이 충분히 자랄 수 있도록 지켜봐주고 존재 자체를 칭찬해주는 것이다.

내 아이를 나보다 똑똑하게 키우는 법

마츠나가 노부후미 지음 | 김지룡 옮김 | 값 10,000원

대한민국 엄마들의 첫 번째 소망

내 아이가 나보다 똑똑한 사람이 되기를 바라는 것은 이 세상 엄마들의 간절한 소망일 뿐만 아니라 오랜 세월 교육현장에 몸담아온 저자의 확고한 교육철학이다. 그러기 위해서 저자는 엄마의 끊임없는 관심과 칭찬으로 아이가 스스로 생각할 수 있는 힘을 길러주는 것이 중요하다고 강조한다.

학습된 낙관주의

마틴 셀리그먼 지음 | 최호영 옮김 | 값 25,000원

행복해지려면 낙관주의자가 되라!

긍정 심리학의 창시자 마틴 셀리그먼 박사가 과학으로 증명한 행복의 기술! 25년간의 실험과 연구를 바탕으로 낙관주의의 힘을 증명한다. 저자는 기존의 행동주의를 비판하면서 인간의 약점보다 강점에 초점을 맞춘 '긍정 심리학'을 강조한다. 또한 아무리 극단적인 비관주의자라도 긍정적인 언어습관을 기른다면 누구나 낙관주의자가 될 수 있다고 주장한다.

DNA 딜레마

조녀던 와이너 지음 | 박미경 옮김 | 값 15,000원

의학에 한계에 도전하는 과학자의 사투

주인공 제이미는 ALS에 걸린 동생 스티븐을 살리기 위해 자신의 전공을 유전공학으로 바꾼다. 순수한 이타심에서 시작한 연구는 점차 욕망으로 변질되고, 동생을 포함한 25명의 치료 대상자들은 실험도구로 전락하는데… 실화를 바탕으로 한 이 책은 의학의 뒷모습과, 과학자들의 이상과 현실 사이에서의 갈등을 긴장감 있게 그려내고 있다.

양계초

서강 지음 | 이주노, 김은희 옮김 | 값 29,800원

양계초를 알면 중국이 보인다

이 책은 지난 20세기를 '새로움' 하나로 철저히 사고한 중국의 근현대사의 대사상가 양계초의 삶과 사상을 '변혁의 모델'이라는 현재적 관점에서 흥미진진하게 펼쳐내고 있는 평전이다. 시대를 이끌었지만 그 시대에게 버림받은, 뜨겁게 타오르고 허망하게 스러진 양계초의 혁명같은 삶이 유려한 문체로 다시 살아난다.

예성맘의 우리아이 10년 밥상
김은주 지음 | 값 16,000원

생후 5개월부터 10살까지
우리 아이를 위한 건강 밥상!

모유수유 후 가장 고민되는 이유식 문제를 한 번에 해결해 줄 이유식 요리법! 아토피를 앓기 시작한 아들 예성이를 위해 예성맘 김은주가 팔을 걷고 나섰다. 첫 이유식에서부터 간식까지, 엄마들의 고민을 해결한다.

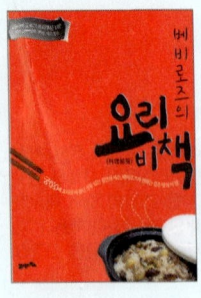

베비로즈의 요리비책
현진희 글, 요리 | 값 11,000원

하루 2만명의 식탁을 사로잡은 요리비법!

네이버 블로그 '로즈의 풀하우스'에 요리를 올리면서 요리를 좋아하는 사람들 사이에서 인기를 얻기 시작한 베비로즈 현진희의 요리비법이다. 끼니때마다 허둥대던 초보 주부 때부터 궁중에서 요리를 했던 증조 시할머니의 요리 비법 전수까지 베비로즈 현진희의 깊은 맛을 내는 노하우를 담았다.

요리를 부탁해
김은주 지음 | 값 15,000원

밥솥, 전자레인지, 오븐으로 만드는 요리의 모든 것

주방에서 천덕꾸러기였던 주방 가전 3총사, 밥솥, 전자레인지, 오븐이 최고의 요리사로 다시 태어났다. 저자는 바쁜 사회생활에 요리하는 시간이 빠듯한 맞벌이주부를 위해 손쉽게 요리를 만들 수 있는 방법을 제시한다.

자기계발 원서읽기 시리즈(총 3권)

Sonia Choquette, Glenn Van Ekeren 지음 | 각 권 13,000원 (무료 mp3 다운로드)

자기계발과 영어공부를 한번에!

이 책은 자기계발 메시지가 담긴 영어 원문 읽기를 통해, 자기계발과 영어학습을 함께 할 수 있도록 구성한 영어 학습 기획물이다. 쉽고 명확하고 구체적인 표현, 회화로까지 활용 가능한 문장들로 이루어져, 영어 학습코너를 통해 원문에 대한 이해를 넓힐 수 있다.

애로우 잉글리시 전치사 바로잡기

최재봉 지음 | 값 15,500원 (전치사 바로잡기 복습카드 포함)

영어의 핵심을 꿰뚫는 원리 이해 학습법

누구나 알고 있다고 생각하면서도 완벽하게 알지 못하는 전치사. 원어민이 전치사를 사용하는 원리대로 전치사를 이해해야 올바르고 정확한 영어를 구사할 수 있다. 영어의 핵심을 꿰뚫는 원리 이해 학습으로 유명한 애로우 잉글리시가 이번에는 독자가 알고 있는 전치사를 통째로 뒤집을 수 있는 비법을 전수한다.

왕초보 43인, 이근철 영어를 훔쳤다!

이근철 지음 | 값 15,500원

영어 달인 이근철, 20년 영어 내공 최초 공개!

이 책은 왕초보들이 가장 많이 부딪히는 고민을 발음, 문법, 단어, 독해, 회화, 듣기, 작문의 7개 영역으로 나눠 친절한 해결책을 제시한다. 이근철의 노하우가 담긴 학습 비법은 물론이고, 직접 엄선한 학습 컨텐츠까지 담긴 이 책 한 권이면 이근철 선생님처럼 영어고수가 될 수 있다.

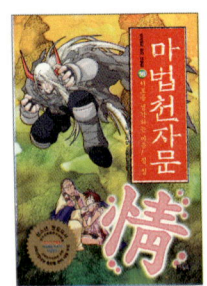

마법천자문

스튜디오 시리얼 글·그림 | 1~16권 (20권 완간 예정) | 각 권 8,800원

한자가 즐거워지는 한자 학습서

마법천자문은 스토리가 있는 이미지 학습법을 구현한 새로운 방식의 한자학습만화다. 한자의 모양, 뜻과 음을 한꺼번에 이미지로 기억하게 하고, 재미있는 만화 이야기로 아이들이 보다 쉽게 한자를 학습할 수 있도록 구성했다.

마법천자문 고사성어

김주희·김항선 지음 | 신영미 그림 | 1~3권, 고급편 | 각 권 9,800원

만화로 배우고 퀴즈로 익히는 한자숙어 64

인터넷 대화 방식에 익숙해진 요즘 아이들의 한자 어휘 실력을 늘리고, 언어 표현을 보다 다양하게 구사할 수 있도록 도와주는 어휘 학습서다. 각 권 당 필수 고사성어 8개를 캐릭터로 이미지화하고 총 64개 고사성어와 한자 숙어를 쉽고 재미있는 퀴즈 형식으로 풀어 놓았다.

마법천자문 한자사전

아울북 에듀테인먼트 연구소 기획 | 정가 9,800원

한자 재미가 쏙쏙! 그림으로 배우는 7,8급 한자

7,8급에 해당하는 한자 150자를 '생활' '숫자' '방향' 등 주제별로 묶어 체계적으로 학습할 수 있다. '물 수 水'를 배우면 '수요일, 수영'을, '집 실 室'을 배우면 '거실, 실내'를 연계 학습하면서 아이들이 생활 속에서 사용하는 어휘들을 이해하게 된다.

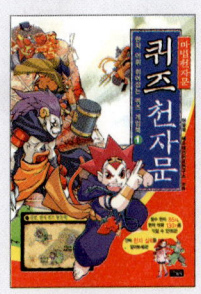

퀴즈 천자문

1~5권 | 각 권 8,800원

한자 어휘 휘어잡는 퀴즈 게임북

손오공과 친구들이 펼치는 엽기 발랄 한자 어휘 퀴즈 게임!
손오공과 함께 퀴즈를 푸는 동안 한자 실력이 향상되는 책. 초등
학생이 알아야 할 8~3급 한자와 실생활에 도움이 되는 한자어
를 재미있는 퀴즈를 통해 익힐 수 있다.

마법급수한자 8~5급

8급, 7급 1~2, 6급 1~3, 5급 1~3 | 각 권 7,500원 (5급 8,500원)

마법의 주문으로 배우는 급수 한자

한자 급수 시험이 즐거워진다.
손오공과 함께 주문을 외우면 머릿속에 한자가 저절로 외워지고
폭넓은 어휘까지 함께 공부할 수 있다.

나와라, 영단어!
도깨비영웅전

1~3권 (10권 완간 예정) | 각 권 9,500원 (캐릭터 카드 포함)

독특한 캐릭터로 암기하는 영어 학습법

재미없는 영어는 NO! 이보다 더 재미있을 수는 없다.
마법천자문이 한자를 마법 주문으로 이미지화 했다면, 도깨비영
웅전은 두 개의 단어가 합쳐져 생기는 기상천외한 캐릭터와 이야
기로 영어 단어를 이미지화했다.

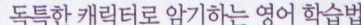

개념교과서

국어, 수학 | 1~2학년 | 각 권 8,000원
국어, 수학, 사회, 과학 | 3~6학년 | 각 권 8,500원
3~6학년 세트 (개념노트 포함) | 각 34,000원

* 교과서 핵심개념의 기초를 완성
* 만화와 퀴즈로 재미있는 스스로 학습
* 학기전 선행학습, 시험전 개념정리

개념교과서 마스터

국어, 수학 | 1~2학년 | 각 권 10,000원
국어, 수학, 사회, 과학 | 3~6학년 | 각 권 10,000원
3~6학년 세트 (개념지도 포함) | 각 40,000원

* 개념·원리학습에 기반한 과목별 기본서
* 개념의 체계화, 구조화로 개념학습 완성
* 유형별 문제풀이를 통한 응용력 향상

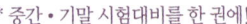

개념교과서 총정리

1~2학년 | 각 권 8,000원
3~6학년 | 각 권 8,500원

* 중간·기말 시험대비를 한 권에!
* 성취도 평가 및 모의고사 수록
* 각 학년별 요점카드 수록

공부 잘 하는 비결? 어휘력에 있지!

초등교과서 단어의 비밀

1,2단계 (단계별 1권) | 각 권 9,800원
3~6단계 (단계별 2권) | 각 권 11,000원

* 원리로 깨치는 신개념 어휘학습 프로그램
* 초등 전학년 · 수준별로 정리
* 단어의 형성원리 이해로 어휘력 확장
* 한자에서 어휘로 확장되는 과학적 학습 프로그램

초등과학 개념사전

296쪽 | 값 19,800원
[초등수학 개념사전] 9월 발간!

* 과학기술부 선정 2008 상반기 우수도서
* 이야기 책처럼 읽히는 과목별 학습사전
* 초등 6년 과학 교과과정 핵심개념 정리
* 개념학습에 최적화된 갈래별 학습구성

초등사회 개념사전

296쪽 | 값 19,800원

* 이야기 책처럼 읽히는 과목별 학습사전
* 초등 6년 사회 교과과정 핵심개념 정리
* 개념학습에 최적화된 갈래별 학습구성

21세기북스 신간

1등급 공부습관
최인호 지음 | 값 10,000원

꼴찌를
1등으로 만드는
습관의 힘

잘하는 한 가지에
몰입하라

+1%로 승부하라
이근미 지음 | 값 10,000원

열여섯 살
김재헌 지음 | 값 10,000원

마음의 크기를
키워줄 성공보다
값진 이야기

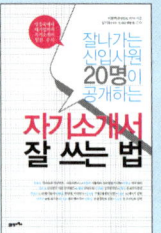

회사가 당신에게
호기심을 품게 하라

자기소개서 잘 쓰는 법
이현택 지음 | 값 10,000원

정글노믹스
장경덕 지음 | 값 11,000원

투자의 정글에서
살아남는 7가지 법칙

젊고 활기찬 두뇌를
만드는 5분 트레이닝

5분 활뇌법
가와시마 류타 지음 | 값 10,000원

전화 031-955-2100 홈페이지 www.book21.com 경계를 허무는 컨텐츠 리더 **21세기북스**

칭찬을 잘하는 것도
부모의 능력이다

사람은 누구나 남들로부터 인정받고 싶은 본성을 갖고 있다. 특히 자신이 존경하는 사람으로부터 주어지는 칭찬과 격려의 힘은 매우 크다. 청소년기의 아이들은 자신의 부모로부터 인정을 받고 싶어하는 강한 욕구를 갖고 있다. 이 시기의 아이들에게 부모야말로 행동의 준거가 되며, 미래의 표상이기 때문이다. 아이들에겐 부모의 칭찬과 격려가 가장 큰 힘이 된다. 특히 구체적인 행동이나 성과, 혹은 과정에 대해서 칭찬하고 격려하는 일은 성취동기를 부여하는 데 큰 도움이 된다.

칭찬은 관계의 기술이며 커뮤니케이션 기술 중 중요한 부분을 차지한다. 물론 칭찬도 잘못하면 아이에겐 해가 될 수 있다. 칭찬을 사용해야 할 때와 칭찬의 방법을 적절히 조정하며 운용하면 최고의 성과를 낼 수 있다.

중학교 1학년인 민재 어머니는 칭찬을 참 잘 활용한다. 민재는 공부를 썩 잘하는 편은 아니다. 보통 반에서 15등에서 20등 정도 하지만 민재는 늘 당당하고 명랑하다. 민재가 이렇게 낙천적이고 유쾌한 아이로 자라게 된 데는 다름 아닌 어머니의 칭찬하는 방법이 큰 몫을 했다.

민재 어머니는 칭찬을 매우 중요하게 생각하지만 칭찬의 수위 조절에 신경을 쓰고 있다. 예를 들어 민재가 시험공부를 열심히 해서 평소 약하던 국어 점수를 좀 올렸다. 그런데도 불구하고 전체 점수는 떨어졌다. 이 경우 민재는 칭찬을 받게 된다.

"평균은 좀 떨어졌지만 국어는 많이 올랐잖아. 잘했어. 국어도 공부만 하면 얼마든지 하겠는걸!"

떨어진 점수에 대해서는 아예 얘기도 안 꺼낸다. 민재가 공부를 잘하는 아이는 아니지만, 민재의 성적이 떨어지면 민재 어머니도 당연히 속이 상한다. 하지만 나름대로 원칙을 정해 칭찬을 하거나 모르는 척하는 것이다.

또 언젠가는 민재가 어버이날 선물을 사겠다고 용돈을 받아 갔다. 민재는 엄마, 아빠를 위해 커플 머그컵을 사왔다. 선물가게에서 미리 선물을 점찍어두고 있다가 용돈을 받아 사온 것이다. 민재 어머니는 민재의 마음이 고마웠지만, 아이의 생각과 행동의 변화를 이끌어낼 수 있도록 아이가 쉽게 예상할 수 없었던 다른 내용의 칭찬을 했다.

"고마워, 민재야. 정말 예쁜 커피잔이다. 하지만 민재가 평소에 자신의 용돈을 모아두었다가 선물을 해주면 더 좋았을 텐데, 그게 좀 아쉽구나."

민재는 선물 자체에 대해서는 칭찬을 받았으니 기분은 좋았지만 뭔가 뿌듯함이 부족했을 것이다. 이런 식으로 칭찬을 하더라도 아이의 행동을 수정해나가는 데에 방향을 맞추기 위해서는 아이에 대한 섬세한 관찰력과 자제력, 배려가 필요하다. 칭찬으로 아이의 마음을 충만하게 해주면서도 자만하지 않도록 하는 것, 때로는 매섭게 꾸중을 하더라도 아이가 사랑받고 있다고 느낄 수 있도록 감싸는 것이 부모에게 필요한 칭찬의 기술이다.

칭찬이 사랑의 표현이라고 생각해서는 안 된다. 아이를 칭찬하는 만큼 사랑한다고 착각하면 아이를 칭찬하지 않는 것은 아이를 사랑하지 않는 것이라는 생각에 어떻게든 하루 종일 칭찬만 하려 든다.

하지만 이런 식의 무조건적인 칭찬은 매우 위험하다. 아이들은 칭찬에 너무 익숙한 나머지 칭찬이 없으면 자신이 뭔가 잘못한 게 아닌가 하며 불안감을 느끼게 된다. 그러면 아이들은 칭찬을 들으려고 본심이 아닌 행동을 하게 된다. 부모에게 잘 보이고 칭찬받으려고 가식적인 행동을 하는 것이다. 부모가 칭찬과 사랑의 한계를 명확히 긋지 못하고, 그 사이에서 방황을 하면 아이도 똑같은 방황을 겪게 된다.

민재 어머니처럼 어떤 일의 성과보다는 과정을 두고 칭찬해야 한다. 이 나이의 아이들은 모든 것이 미성숙하다. 눈에 보이는 성과보다는 노력을 기울인 과정이 훨씬 더 가치 있는 것이다. 그러니 어떤 일이건 결과보다는 과정을 두고 먼저 칭찬해야 한다. 좋은 결과를 얻었다 하더라도 그 과정에 문제가 있으면 칭찬받을 수 없다. 반대로 결과는 다소 부족해도 과정이 충분히 훌륭했다면 마땅히 칭찬을 받아야 한다. 또 아이의 재능보다는 노력을 칭찬해야 아이가 어떤 자세로 생활해야 하는지 스스로 깨닫게 된다.

칭찬은 칭찬받을 만한 행동을 했을 때, 그 행동에 대해 분명하게 칭찬을 해야 한다. 물론 꾸중도 마찬가지다. 아이가 잘못을 했을 때도 잘못한 사실만 놓고 야단을 칠 게 아니라 왜 잘못했는지, 그러면 어떻게 했어야 했는지를 분명하게 말해주어야 꾸중의 효과를 거둘 수 있다. 그렇지 않으면 '모두들 나만 갖고 그런다', '오늘은 재수가 없어서 걸렸을 뿐이다' 하는 생각을 하게 된다. '어떤 게 나빴다' 보다는 '이렇게 했어야 옳았다'는 식으로 얘기해주면 더욱 좋다. 칭찬을 할 때뿐만 아니라 꾸중을 할 때도 가급적 긍정적인 언어를 사용해야 한다. 칭찬과 꾸중은 부모와 아이가 교류하는 매우 중요한 교육현장이기 때문이다.

아이를 설득할 줄 아는
부모가 되어야 한다

아이들을 '권위주의적'으로 대해서는 안 되지만, 부
모는 부모로서의 진정한 권위를 갖춰야 한다. 권위주
의적인 부모는 부모로서의 권위를 내세워 아이들을 억압하고 제
한하며 처벌한다. 충분한 설명 없이 일방적으로 규칙을 정하고
통제하려 든다. 하지만 권위를 가진 부모는 아이를 적절히 통제
하는 과정을 통해 아이의 독립심과 사회성을 길러준다.

권위를 가진 부모에 의해 양육된 아이들은 뒤에 부모가 있다
는 것을 든든하게 여기며, 자기 발전의 토대로 여기게 된다. 그
리고 부모의 말을 귀담아들으며 책임감 있게 행동하려고 노력한
다. 많은 부모들이 아이에게 친구 같은 부모가 되어주기 위해 노
력하지만, 아이들에게 정말로 필요한 것은 어른스럽고 현명한

부모다. 부모는 어디까지나 부모로서의 역할에 충실해야 한다. 또한 부모로서의 권위를 잃어버리면 안 된다.

아이를 부모 마음대로 다룰 수도, 또 그럴 필요도 없지만 어떤 일이건 아이에게 전후사정을 설명하고 분명하게 설득할 줄 아는 어른스러운 부모가 되어야 한다. 아이가 도무지 부모의 말을 듣지 않는다면 아이만 나무랄 게 아니라 부모 자신의 양육 태도에 문제가 있지는 않은지 먼저 돌아봐야 한다.

아이들에겐 적당한 통제와 자율이 함께 주어져야 한다. 이 비율을 잘 조절해야 아이들이 혼란을 겪지 않고 잘 자란다. 자신에게 주어진 허용과 한계를 인식하는 것이야말로 아이들이 자신의 정체성을 찾는 토대가 되기 때문이다.

아이와 부모의 의견이 서로 다를 때 많은 부모들은 일방적으로 아이의 의견을 무시한다. 이런 상황에 이르면 아이들은 불평불만을 늘어놓으면서도 어쩔 수 없이 부모의 의견을 따른다. 부모의 보호와 양육에 일방적으로 의지해야 하는 아이로서는 어쩔 수 없는 일이다. 하지만 그러는 동안 우리 아이의 마음속에서는 부정적인 반응이 나타난다. 부모님에 대한 존경심 같은 건 사라져버리고 반항하는 마음이 생겨나는 것이다. '나도 빨리 커서 내 마음대로 다 할 거야' 하는 생각을 하게 된다.

의견 차이가 생겼을 때는 부모와 자식 간이라도 설득을 하고 합의를 이루어야 한다. 어른이라고 해서 아이들을 지나치게 강압해서는 안 된다. 또한 지킬 수 없는 미끼를 던지거나 과도한 보상을 제공하는 행동도 옳지 않다. 진정한 설득과 합의는 동기를 부여해 아이가 자발적으로 움직이게 하는 것이다. 외부적인 압력에 의해 움직이는 것은 일시적인 반응일 뿐 결국 오래지 않아 원점으로 돌아간다.

중학교 1학년인 은진이는 자신의 머리 모양 때문에 어머니와 몇 달간 마찰을 빚어왔다. 은진이는 친구들이 하는 것처럼 앞머리를 반듯하게 자르겠다고 고집을 부리고 있고, 은진 어머니는 절대 그 머리는 못 참겠다고 우기고 있다. 물론 은진이가 저 혼자 미용실에 가서 앞머리를 반듯하게 자르고 올 수도 있다. 하지만 어머니가 워낙 완강하게 말리고 있기 때문에 나중에 혼날까 무서워서 차마 못하고 있는 상황이다. 은진이와 어머니의 신경전은 팽팽하다.

'친구들은 다 하는데, 왜 나만 유행에 떨어지게 하고 다녀야 하지?'

이런 생각이 들면 엄마 때문에 자신이 친구들 사이에서 창피를 당한다고 생각하게 된다. 결국 아이들은 부모와 갈등을 일으키는 더 많은 시비 거리를 만들어내고 다시 비슷한 신경전이 벌어지게 되는 악순환이 계속된다.

아이가 신경질을 낸다고 해서 부모까지 덩달아 신경질을 내서는 안 된다. 아이가 어떤 식으로 고집을 부리건 "무조건 안 된다.

그런 얘기는 꺼내지도 마" 하는 식으로 이야기하는 것도 바람직하지 않다. 부모는 어른이다. 어른스럽게 대해야 한다. 아이에게 먼저 다가가서 문제가 무엇인지 물어보고 마음을 다독여 바른 길로 인도해주어야 한다. 이런 접근은 부모가 아이를 대화 상대로 받아들이고 설득의 대상으로 여기는 자세가 전제되어야 가능하다. 아이들은 부모가 대접하는 것만큼 성장한다는 사실을 기억해야 한다.

몇 년 전 『USA투데이』에서 다룬 「최우등생으로 뽑힌 사람들의 성공에 어떤 요인들이 작용하였는가?」 기사에 실렸던 조너선 그로스의 이야기는 시사하는 바가 크다. 스탠퍼드대의 로스쿨을 졸업한 뒤 저소득계층의 학업 성취를 높이기 위한 비영리 단체에서 일하고 있는 조너선 그로스는 어린 시절에 자신의 부모와 할머니가 자신과 형제들을 어떻게 대했는지에 대해 다음과 같이 회고하고 있다.

"우리 형제의 아이디어나 질문, 생각들에 대해 부모님은 다른 어른들과의 대화나 다름없는 진지한 태도를 취하셨다."

그의 말은 부모가 자녀를 키우면서 어떤 원칙을 가져야 하는지, 자녀와의 대화에서 어떤 태도를 취해야 하는지를 잘 말해준다.

다른 아이와 비교,
평가해서는 안 된다

'엄친아'라는 말이 있다. 아이들이 호환, 마마보다 더 무서워한다는 '엄마 친구 아들'을 가리키는 말이다. 어머니의 이야기 속에 등장하는 친구 아들은 항상 공부도 잘하고, 키도 크고, 얼굴도 잘생긴데다 착하기는 또 얼마나 착한지……. 도무지 대적할 수 없는 상대이다. 그런 이야기를 듣고 있자면 '세상이 도대체 왜 이렇게 불공평한 거야?' 하는 생각이 절로 들 지경이다.

게다가 엄친아 이야기는 항상 반감을 불러일으킨다. 어머니들이 친구 아들 이야기를 꺼내는 건 비교를 하기 위해서이기 때문이다. 하지만 이런 이야기는 긍정적인 자극을 불러일으키지 못한다. 아이들은 속으로 부모의 의도를 비웃거나 화를 내거나 스트레스를 받을 뿐이다. 오히려 '걔는 걔고, 나는 나다', '날 이렇게 낳아놓고선 나보고 어떡하라는 거야' 하며 반항하려 드는 일이 많아지는 것이다.

친구 아들과 자신의 아들을 비교하는 것은 애초부터 적당한 비교가 될 수 없다. 어차피 나와 내 친구가 다른데, 내 아들과 친구 아들이 같을 수는 없지 않겠는가? 아이들이 비교당하는 일은 참 많다. 같은 반의 누구, 옆집의 누구, 초등학교 동창 누구, 그리고 '너희 형' 아니면 '동생'까지, 아이들은 수도 없이 비교당하는 가운데 자신을 돌아보게 된다.

그러다 보면 아이들은 '누구보다 못한 나', 또는 '누구보다 잘난 나' 하는 식으로 자신에 대한 정체성을 형성하게 된다. '누구보다 잘난 나'로 긍정적인 비교를 당하는 아이들은 자존감이 높아지기보다는 오히려 실수나 실패를 두려워하게 된다. 반대로 '누구보다 못한 나'로 부정적인 비교를 당하는 아이들은 열등감을 갖게 된다. 뿐만 아니라 비교하는 사람에게는 감정이 상하게 되고 비교대상이 되는 친구나 형제에 대해서는 적대감을 갖게 된다. 사람끼리의 비교는 긍정적인 것이건 부정적인 것이건 똑같이 나쁘다.

친구를 비교대상으로 생각하는 아이들은 제대로 된 친구관계를 만들 수 없다. 순수한 마음으로 친구를 받아들이지 못하고 반드시 따돌리고 넘어서야 할 경쟁자로만 여기게 된다. 마음속에

156

열등감과 경쟁의식만 가득한데 우정은 얘기할 거리도 못 되는 것이다. 또 평생을 함께하며 가장 큰 영향을 미치는 형제간의 비교는 아이들에게 큰 상처를 입힐 수 있다. 형제는 아이들이 태어나서 처음으로 만나는 경쟁자이자 동지다. 그런데 다른 형제에 비해 부모로부터 불공평한 대우를 받고 있다고 여기면 인생의 첫 번째 경쟁에서 실패했다고 여기게 된다.

모든 아이들은 각각의 개성과 차별성으로 평가받아야 한다. 우리 아이는 다른 어느 누구와도 비교할 수 없는 독립적인 존재다.

"공부만 잘해서는 소용없단다. 오히려 활동적인 아이들이 리더십도 더 강하고 나중에 사회에서 인정받을 수 있는 진짜 경험을 얻을 수도 있어."

"여자라서 얌전해야 한다는 생각은 요즘 시대엔 맞지 않아. 전문 분야에서 두드러진 활동을 하는 여성 CEO들도 얼마나 많은 줄 아니?" 하는 식으로 아이의 남다른 점을 부각시켜 열등감으로부터 아이들을 구제해낼 수 있어야 한다. 정당한 시각과 판단을 키워주는 올바른 비교를 통해 아이들이 자발적으로 경쟁심을 갖고 목표를 세울 수 있도록 도와줘야 한다.

아이에게 지혜를 주는
아이디어 뱅크를 만든다

효린 엄마는 스크랩이 취미다. 결혼 전에는 영화나 연예인 자료를 스크랩하는 것이 취미였고, 효린이를 낳은 뒤에는 신문, 잡지 등을 읽다 도움이 될 만한 자료가 눈에 띄면 가위로 오려 노트에 붙인다. 그리고 왜 이런 기사에 관심을 갖게 되었는지, 이 기사를 보니 어떤 생각이 드는지 등을 간단하게 메모해둔다. 물론 주로 아이들 양육과 교육에 관한 것이다. 또 효린이가 읽어보면 도움이 될 만한 사설이나 칼럼도 따로 스크랩을 해두고 있다. 하지만 효린이에게 읽어라, 말아라 하지는 않는다. 효린이도 엄마의 스크랩을 꼭 읽어야 한다는 생각은 안 한다. 그냥 심심하면 한 번씩 들춰보는 게 전부다.

하지만 몇 년간 엄마의 스크랩을 가까이 한 결과 효린이는 많이 달라졌다. 글을 쓰는 방법, 책을 읽는 방법, 그리고 귀한 자료를 선택하는 방법을 스스로 터득해가고 있는 것이다. 효린이가 써놓은 글을 보면 논리전개가 제법 틀이 잡혀 있다. 또 다양한 사례를 많이 접해본 덕에 글감도 풍부하다. 엄마의 취미를 함께 하면서 자연스럽게 체득한 것이다.

글짓기 숙제가 있으면 효린이는 엄마의 스크랩을 들춰본다. 뭐에 대해서 쓸까 아이디어를 얻는 것이다. 효린이가 스크랩북에서 소재를 찾아내면 엄마는 그것에 대해 효린이와 이야기를 나누고 그것을 토대로 글을 쓰게 한다. 그러면 시사적이면서도 효린이의 생각과 아이디어가 가득한 전혀 새로운 글이 나오는 것이다. 그렇게 해서 한두 번 글짓기로 상을 받게 되자 효린이는 스크랩을 더욱 좋아하게 되었고 가끔은 직접 스크랩을 하기도 한다. 어떤 일의 가치를 직접 깨닫게 되면 아이들은 스스로 변화하게 되어 있다.

모든 어머니가 이렇게 스크랩을 해야 하는 건 아니다. 어머니들마다 자신만의 방식으로 아이디어를 수집하고 보관했다가 아이가 필요로 할 때 하나씩 꺼내줄 수 있으면 된다. 아이들이 상상력을 발휘할 수 있는 재료, 아이들이 창의적 아이디어를 끄집어낼 수 있는 재료를 어머니가 미리 준비해두었다가 제공하는 것이다.

정보와 지식을 제공하는 수준을 넘어서 아이에게 지혜를 심어줄 수 있어야 한다. 우리가 연륜 있는 어른들을 존경하는 것은 그들이 지혜롭기 때문이다. 아는 게 많건 적건 다양한 경험을 해온 어른들에게는 우리들은 미처 생각지 못하는 삶의 지혜와 진실이 있다. 아이들에게 부모는 이런 존재가 되어야 한다. 어차피 아이가 중학교에 들어가면 공부는 일일이 봐주기 힘들어진다. 초등학교 고학년 때부터 이미 공부는 학교와 학원, 과외선생님 손을 빌려야 한다. 대신에 부모는 그간의 경험, 폭넓은 식견, 장기적인 안목을 갖고서 아이들을 이끌어주어야 한다.

처음에 어떻게 해야 할지 잘 모르겠다면 아이와 대화를 나눠보는 것이 좋다. 주어진 숙제에 대해 함께 고민하는 것이다. 그러면서 아이 안에 감추어져 있는 것들을 하나씩 꺼내본다. 아이 스스로는 잘 몰랐던 자신의 가능성, 미처 인지하지 못하고 있었던 아이의 성장 등을 자극해 아이가 자기 자신을 발견할 수 있는 계기를 만들어주면 된다. 그 또래 아이들에게 필요한 정보와 아이디어는 거의 아이들 안에 있으므로 어머니가 그 촉매 역할을 해주는 것이 필요하다.

절약하고 절제하는
생활 태도를 심어준다

월마트의 창업자, 샘 월튼 회장은 훗날 그의 유년기에 '1달러의 가치'를 알았던 부분이 삶에서 대단히 중요했다는 사실을 지적한다. 특히 대공항기에 온 가족이 나서서 생활비를 벌어야 했던 기억은 그의 금전관과 직업관을 만드는 데 큰 기여를 하게 된다. 그는 1달러는 어떻게 버는지, 1달러를 벌어들이기 위해서 얼마나 일을 해야 하는지 등을 아이들에게 가르치는 것은 매우 중요하다고 강조한다.

요즘은 경제학교를 찾는 아이들이 굉장히 많다. 이런 곳에서는 경제상식과 국내외 정세들을 어린이의 눈높이에 맞춰 가르쳐준다. 또 은행 등의 금융거래나 모의 주식거래를 해보기도 하고, 용돈 관리법을 배우기도 한다. 부자 되기가 세계적인 이슈가 되고 일상화되다 보니 일찍부터 아이들에게 경제관념을 심어주고 싶어하는 부모님들이 많아졌기 때문이다. 하지만 더욱 중요한 것은 부모가 직접 절약하고 절제하는 생활 태도를 보여주는 것이다.

경제교육에 있어 매우 철저한 것으로 알려진 독일은 돈을 건전하게 다룰 줄 아는 성인 만들기, 경제적 자립도가 높은 성인 만들기를 목표로 일찍이 경제교육을 시작한다. 가장 많이 사용하는 방법은 아이들에게 일정액의 용돈을 주고 스스로 관리하게 하는 것이다. 용돈관리를 통해 아이들은 자신에게 주어진 돈을 해당 기간에 맞춰 적절하게 배분하여 사용하는 법을 익히게 된다. 일주일 용돈을 하루에 다 써버리면 나머지 6일은 아무것도 할 수 없다는 것을 스스로 경험하며 배워가는 것이다. 또한 아이들은 자신이 원하는 것이 있을 때 부모에게 의존하지 않고 용돈을 모아서 스스로 해결하는 법을 배운다. 자신의 힘으로 자신의 욕구를 충족시키는 경험은 성장기 아이들에게 자신에 대한 자긍심과 자신감을 심어주는 아주 좋은 계기가 된다.

이렇게 아이들은 돈을 갖고 사용하면 매우 즐겁지만 거기에는 그만큼의 책임이 따른다는 것을 깨닫게 된다. 일찍부터 현명한 소비를 연습하며 충동구매나 모방소비가 결국 자신을 옴짝달싹 못하게 하는 족쇄가 된다는 사실을 자연스럽게 배워나가는 것이다.

아이에게 경제교육을 하려면 가장 먼저 정기적으로 용돈을 주는 것이 좋다. 초등학교 저학년 때는 하루, 3일, 일주일 단위로 기간을 늘려가고 3, 4학년 이후에는 한 달 단위로 용돈을 주면 된다. 용돈 금액을 책정할 때는 부모가 일방적으로 정하지 말고 아이의 나이와 다른 아이들의 용돈 수준을 고려해 아이와 의논해서 결정하는 것이 좋다. 용돈을 줄 때는 직접 돈으로 줄 수도 있지만 아이 명의로 은행에 통장을 개설하고 이체시켜줄 수도 있다. 아이가 용돈을 더욱 책임감 있게 운용하고 은행 이용법이나 저축하는 습관을 익힐 수 있기 때문이다.

그러면서 아이에게 용돈기입장을 쓰게 하면 좋다. 용돈기입장은 어머니가 가계부 쓰는 모습을 보여주면 자연스럽게 따라한다. 저녁마다 식탁에 마주앉아 쓰면 아이의 씀씀이도 살펴볼 수 있어 더욱 좋다. 아이도 집안의 가계부 사정을 자연스럽게 알 수 있어서 부모를 더 잘 이해할 수 있게 된다. 이런 행동이 아이에게 부담으로 작용할까 봐 우려하는 부모님들도 있지만, 중학생 정도 되면 집안의 경제적 상황에 대해 간략하게 얘기해주는 정도면 무리 없이 받아들인다. 오히려 아이에게 부모가 얼마나 열심히, 얼마나 성실하게 살고 있는지 모범을 보여주는 것은 아이에게 긍정적인 자극이 될 수 있다.

용돈을 상벌의 도구로 사용하는 것은 좋지 않다. 어떤 부모님들은 돈에 대해 절대적인 권력을 갖고 있기 때문에 이를 이용해 아이들을 조정하려 한다. 하지만 용돈이 정해지면 아이들은 그 안에서 자신의 생활 규모를 만들어간다. 그런데 갑자기 일방적으로 용돈을 줄여버리거나 안 주면 엄청난 혼란을 겪게 된다. 그리고 뭔가 칭찬받을 일이 있을 때마다 용돈을 주면 선행을 용돈벌이의 도구로 활용하는 경우가 생길 수 있다. 상벌은 용돈과는 별개로, 예고를 통해 이루어지는 것이 좋다. 아이가 뭔가 잘못을 저질렀다고 해서 경제생활 자체를 금지하는 것은 이 또래의 아이들에겐 너무 가혹한 벌이라는 걸 기억해야 한다.

아이들에게 경제 마인드를 심어주기 위한 또 다른 방법들도 시도해볼 수 있다. 우선 시작할 수 있는 일은 경제와 경영에 관해서 아이들의 눈높이에 맞는 책을 구입해주는 일이다. 부모가 함께 같은 책을 읽으며 대화한다면 교육 효과는 배가된다.

다른 방법으로는 신문에서 소재를 찾는 것이다. 예를 들어 「주택담보대출 이자가 하늘 높은 줄 모르고 치솟고 있다」는 기사가 있다면 대출과 이율에 대해 아이들과 대화를 나눠볼 수 있다. 사람들이 대출을 받아 집을 사는 이유, 대출이자가 계속 높아지면 어떤 일이 벌어질지 등에 대해 아이들과 대화를 나누어본다. 습관이나 마인드 모든 면에서 아이들이 생각을 넓히고 지혜를 쌓을 수 있도록 지도하는 것이 경제교육의 핵심이다.

영상매체로부터 아이들을
보호할 수 있어야 한다

지난해 초, 일본 게임업체인 닌텐도는 닌텐도DS를 한국시장에 출시해서 매월 10만 대 이상을 파는 대히트를 기록했다. 그 여세를 몰아서 후속상품인 게임기 '위Wii'를 출시했다. 그런데 판매가 영 신통치 않다고 한다. 마케팅 예산만 300억 원을 퍼부을 정도로 대대적인 판촉을 벌이고 있지만 판매 대수는 고작 월 3만 5천 대 정도라고 한다. 이유인즉, 자녀들이 하루 종일 닌텐도DS에 매달려 있는 모습에 진력이 난 부모들이 닌텐도 게임의 중독성을 알아차렸기 때문이라고 한다. 게임중독으로부터 아이들을 보호해야 한다는 부모들의 움직임이 '위'의 실패를 부른 것이다.

한 조사발표에 따르면 우리나라 초등학생의 90퍼센트가 인터넷을 사용하고 있으며, 15퍼센트의 어린이들이 게임중독 증세를 보인다고 한다. 컴퓨터 이용시간이 늘어나면서 중독 증세가 나타나면 우울증을 겪거나 자폐증상을 보이는 아이들이 많다. 중학생들도 크게 다르지 않다. 용돈이 많아지고 친구관계가 활발해질수록 이런 행동은 음성적으로 성장할 가능성이 매우 높아진다. 중독까지는 아니더라도 컴퓨터 게임에 재미를 들이면 얼렁뚱땅 시간을 낭비하거나 편중된 가치관을 형성하게 되는 경향이 있다. 실제로 내가 3년간 운영해온 '공병호의 자기경영아카데미' 과정을 진행하다 보면 취미나 특기를 게임이라고 답하는 학생들의 집중도나 성취동기가 무척 낮다는 사실을 매번 확인하게 된다.

텔레비전, 휴대폰, 인터넷 등 우리 아이들은 하루 종일 영상매체에 노출되어 있다. 우리 아이들에게 영상매체는 이미 삶의 한 방식이다. 그것들을 떠나서는 생활 자체가 불가능하다. 친구들과의 소통이 불가능해지고 문화 공유가 되지 않기 때문에 커뮤니케이션에 문제가 발생할 수밖에 없기에 이런 매체들로부터 아이를 격리시키기는 이미 불가능하다. 무작정 금지하거나 제한하는 것으로는 문제를 해결할 수 없다는 얘기다.

문제는 아이들이 이런 매체에 중독증세를 보이거나 불건전한 영상물을 볼 수 있다는 점이다. 특히 요즘 아이들은 인터넷이나 게임에 중독성을 보이는 경우가 아주 많다. 부모들이 억지로 컴퓨터 사용 시간을 제한하면 밤에 몰래 일어나서 게임을 하는 아이들도 있다고 한다.

형주 어머니는 초등학교 6학년인 형주가 게임에 빠져서 지내는 게 걱정이 돼서 컴퓨터 사용 시간을 제한했다. 하지만 맞벌이 부모가 아이의 시간을 통제한다는 것은 거의 불가능한 얘기였다. 그러다 보니 형주는 방과 후 시간을 거의 컴퓨터 앞에서 보내곤 했다. 엄마가 확인 전화라도 하면 학원이라고 거짓말을 하고 게임을 한 적도 있을 정도다.

그런데 어느 날, 어머니가 새벽에 문득 잠이 깨어서 나와 보니 형주의 방문 틈으로 불빛이 새어나오는 게 아닌가. 그날 형주는 피곤하다며 일찍 잠자리에 들었는데, 불을 켜놓고 잠들었나 싶어 문을 살짝 열어보니 형주는 엄마가 들어온 것도 모르고 컴퓨터 게임에 빠져 있었다. 저도 모르게 잠자다 말고 일어나 게임을 하고 있었던 것이다. 이 일로 형주는 심리상담을 받았다. 형주 스스로도 자신의 행동에 많이 놀랐는지 크게 반성하고 달라지기 위해 노력하게 되었다고 한다.

이렇게 게임에 몰두하다 보면 아이들의 사회성 발달에 심각한 장애가 올 수 있다. 직접적인 대인관계보다는 인터넷 채팅을 통해 얘기하는 게 편하고, 자기 자신의 이름보다는 게임 캐릭터가 더 자연스럽게 느껴진다. 이렇게 되면 현실에서 사소한 문제만 있어도 인터넷과 게임 속으로 회피하려는 증상을 나타내게 된다.

더 큰 문제는 이런 매체들을 통해 음란물을 접할 기회가 많아진다는 것이다. 음란물에서 비추어지는 극단적인 성묘사는 아이들의 성의식을 왜곡시킨다. 이런 콘텐츠들은 대부분 성을 건강하고 자연스러운 것이 아닌, 자극적 행위로 받아들이게 만드는 경향이 있기 때문이다. 성폭력 범죄가 음란물 노출 정도와 밀접한 관련이 있음은 굳이 거론할 필요도 없다.

유해한 영상매체로부터 아이들을 보호하기 위해서는 부모가 보다 적극적으로 나서야 한다. 유해사이트 차단 같은 조치를 비롯해 아이들이 스스로 자신을 보호할 수 있는 장치를 만들어주어야 한다.

아이가 컴퓨터 중독 증세를 보인다면 일단 컴퓨터를 거실 같은 가족 공간으로 옮겨놓아야 한다. 공개된 공간에서 가족과 함께 사용하다 보면 아무래도 이런 위험물에 노출될 확률을 낮출 수 있다. 또 스스로 컴퓨터 사용 규칙을 정하고 그에 따라 상벌 규정을 정하게 하는 것도 좋은 방법이다. 하지만 무엇보다도 그런 일이 발생하기 전에 아이에게 다양한 놀이거리를 제공해 이런 문제를 원천적으로 차단하는 것이 가장 바람직하다. 영상매체로부터 자녀를 보호하는 일은 자제력이 약한 아이들을 보호한다는 차원에서 부모가 맡아야 할 몫이다.

5장

생활 속의 실천이
미래를 결정한다

요즘은 많은 가정에서 '거실을 서재로 꾸미기 운동'을 한다. 정말 좋은 아이디어다. 물론 서재 하나 꾸미다고 해서 온 가족이 당장 학구파로 변하는 것도 아니고 거실을 가득 채울 만큼 책을 사들일 수도 없는 노릇이다. 다만 독서도 공부도 습관이 몸에 배어야 하는 것이라는 점에서 독서량이 늘어날 것만은 분명하다. 처음에는 그냥 아주 쉬운 동화책이나 만화책을 읽을 수도 있다. 하지만 한 권, 한 권 흥미로운 책으로 책장을 채워넣다 보면 거실은 소중한 서고로 다시 태어날 것이다. 그리고 언젠가 아이가 그 가치를 깨닫게 되면 부모에게서 물려받은 그 어떤 유산보다 감사해할 것이다. 독서하는 습관이야말로 생애 최고의 선물이기 때문이다.

야망과 꿈을
심어주어야 한다

 "애야, 꿈을 크게 가져야 하는 거야. 하늘의 별을 따 겠다는 마음으로 말이야."

샐리 라이드는 사춘기 시절 아버지에게 들은 조언을 평생 동안 가슴에 담고 살았다. 나중에 그녀는 미국 최초의 여성 우주비행사가 되어 우주왕복선 챌린저호에 탑승하게 된다. 10대 때 그녀가 꿈꾸던 미래는 성공한 테니스 선수였다. 하지만 뜻을 이루지 못하고 과학 관련 분야로 진로를 바꾸었고, 우주비행사가 되어 역사에 이름을 남기게 되었다. 그녀는 꿈을 향해 쉬지 않고 정진할 마음의 자세만 있다면 어느 분야에서든 최고의 경지에 도달할 수 있다고 믿는 사람이었다.

자신은 이 세상에 어느 누구도 대신할 수 없는 유일무이한 사람이라는 사실, 그래서 자신의 삶을 가치 있게 만들어야 한다는 사실, 성공하기 위해서 최선을 다해야 한다는 사실 등을 부모는 아이들의 마음 깊이 심어주어야 한다. 한마디로 '내가 정말 잘되어야겠다'는 야망을 심어주어야 한다. 어린 시절부터 '안정이 최고야', '절대로 위험하게 해선 안 돼'라고 가르쳐선 안 된다. 도전할 만큼 가치 있는 일이 있다면 결과에 연연해하지 않고 도전할 수 있도록 아이들을 격려해주어야 한다.

우수한 아이들이 함께 모여서 공부할 수 있는 기회를 마련해주는 것도 아이들을 위한 가치 있는 일이다. 아이들을 특목고에 보내고 싶다면 일찍부터 어떤 학교에 진학할지를 분명히 해서 합격선과 전형방법 등을 미리 파악해두고 도전해야 한다.

일반 고등학교에서 인문계열과 자연계열을 선택할 때도 아이의 흥미나 적성은 고려하지 않은 채 '수학을 못하니 인문계열로 가라', '과학을 잘하니 자연계열로 가라' 하는 식으로 결정하는 것은 바람직하지 않다. 아이의 꿈이 무엇인지, 장기적으로 어떤 공부를 하고 싶은지 진지하고 물어보고 함께 의논해서 결정해야 나중에 시간 낭비하는 일을 방지할 수 있다.

대학 졸업자들을 대상으로 한 '출신 고교의 계열과 대학 졸업 시 전공 계열을 비교한 조사'에 따르면 고교 인문계 출신 학생의 12.9퍼센트가 대학에서 자연계열을 전공했으며, 고교 자연계 출신 학생의 13.8퍼센트가 인문계열을 전공한 것으로 나타났다.

대학을 지원할 때 교차 지원을 하거나 중간에 전과를 한 아이들이다. 그리고 고등학교에 다니는 도중에 계열을 바꾸는 경우도 한 반에 두세 명이나 된다고 한다. 평소 진로나 적성 탐색에 무관심하다 갑자기 정하고 보니 이런 일이 발생하는 것이다.

일단 대학에나 합격한 다음에 꿈을 정해도 늦지 않다고 생각하는 부모도 있다. 하지만 꿈이란 대학 입학 이후로 유예해둘 수 있는 것이 아니다. 대강 점수 맞춰서 전공을 선택하는 것은 꿈과는 영영 거리가 멀어져 버릴 수도 있기 때문이다. 아이들의 인생을 담보로 하는 너무 위험한 모험이다. 이렇게 판에 박힌 진로 선택 때문에 20대를 통째로 시행착오에 바치는 청년들이 얼마나 많은지 알면 놀랄 것이다. 대학 4학년들의 휴학 비율이 학교에 따라 10퍼센트에서, 많게는 50퍼센트에 육박하고 있다. 자신의 공부에서 아무런 비전도 찾지 못했다는 증거이다.

아이의 진학과 진로를 염두에 두고 부모가 신경 써야 할 가장 중요한 문제는 바로 아이가 어떤 미래를 꿈꾸고 있느냐이다. 실제로 중학교 2~3학년이면 구체적인 꿈을 가져야 할 시기이다. 아이들의 꿈은 직업적인 것일 수도 있고, 삶의 이상 같은 형태로 나타날 수도 있다. 하지만 아이들은 직업이나 삶에 대한 현실감각이나 배경지식이 없으니 아이가 그런 꿈을 갖게 된 이유와 목적 등을 알아보고 부모가 도움을 줄 수 있어야 한다. 너무 현실성이 없는 꿈은 아닌지, 너무 물질적 가치에만 치우쳐 있는 것은 아닌지 점검하고 보완해주는 것이 부모의 역할이다.

부모는 아이들에게 보다 다양한 직업의 세계를 알려주고, 가치 있는 삶의 모습들을 제시해줌으로써 아이들이 보다 구체적이고 실질적인 꿈을 꾸고, 그것을 향해 나아갈 수 있도록 도와주어야 한다. 그래야 특성화 고등학교의 선택, 고등학교 1학년 때의 계열 선택, 대학의 학과 선택 등 진로탐색 과정을 갈등 없이 통과할 수 있다. 이런 과정은 이후 직업과 직장의 선택, 이상의 추구 등으로 자연스럽게 연결되어 아이의 인생에 든든한 버팀목이될 것이다. 부모는 아이가 마음껏 꿈꾸고 그 꿈을 향해 달려나갈 수 있는 든든한 버팀목이라는 것을 기억해야 한다. 야망과 꿈을 아이들의 마음에 굳게 심어주어라!

생활계획표를 세워
함께 실천한다

꿈을 이루기 위한 가장 좋은 방법은 장기, 중기, 단
기별로 세부적인 목표를 수립하고 계획표를 세워 그
대로 실천해나가는 것이다. 학창시절, 방학 때마다 생활계획표
를 그려 책상머리에 붙여두었던 일을 생각해보면 참 재미있다.
그땐 왜 그런 걸 만들라고 하는지 참 의아했다. 방학 때마다 느
끼는 것이지만 생활계획표 안의 우리는 너무 성실하고 반듯하
다. 이건 숫제 판타지다.

새벽같이 일어나서 씻고, 운동하고, 두세 시간 자유시간 외에
는 거의 공부로 채워져 있다. 밤마다 잠자리에 들기 전에 일기도
쓰기로 한다. 물론 계획표를 세울 때부터 허황되다고 여겨지는
않는다. 학교에 가야 한다는 부담감이 없으니 이 정도는 충분히

지킬 수 있을 것 같고, 또 방학 때 이 정도는 해줘야 개학했을 때 뭔가 달라진 모습을 보여줄 수 있을 것 같다.

하지만 그 계획표를 완벽하게 지켜본 날은 단 하루도 안 될 것이다. 그 계획표에 반영된 것은 방학 첫날의 결심과 심리적 부담감, 의욕 외에 어떤 현실적 변수도 없기 때문이다. 사실 생활계획표를 세우는 일은 아주 중요한 과정이며, 실질적으로 계획적인 생활을 하기 위한 좋은 도구가 된다. 시간을 알뜰하게 관리하고 생활습관을 바로잡는 데 이 생활계획표만큼 좋은 것이 없다. 어릴 때는 그저 부모님이나 선생님께 보이려고, 탐구생활 한쪽을 채우려고 만든 것이 전부였기 때문에 그려 붙이는 것 이상의 의미가 없었던 것뿐이다. 그때 누군가가 우리에게 생활계획표를 어떻게 만들고, 어떻게 실천해야 하는지 가르쳐주었더라면 좀더 일찍 시간관리하는 법을 배웠을 텐데 하는 생각을 해본다.

이제 이 생활계획표를 아이와 함께 만들어보자. 어머니와 아이의 일상을 충분히 검토하여 실천 가능한 범위 내에서 만들어야 한다. 계획표를 짤 때는 하루, 일주일, 그리고 한 달 뒤에 있을 수 있는 다양한 변수를 감안하여 목표를 정해야 한다. 무엇보다도 가장 먼저 할 일은 어머니와 아이의 현실과 성격적 특성을 있는 그대로, 객관적으로 파악하는 것이다. 그 다음에는 미래 사회에서 이루고 싶은 꿈을 위해, 단계별로 달성해야 할 목표를 위해 해야 할 일들을 아주 세밀하고 구체적으로 정리해야 한다. 누구에게 보여주며 자랑할 것도 아니고, 후대에 길이 남길 것도 아니니 멋지게 만들려 애쓰지 말고 현실적으로 실천 가능하게, 아이의 생활을 아주 조금만 더 타이트하게 만들어줄 정도로만 구성하면 된다.

"아침 6시에 일어나서 20분간 체조하기, 30분까지 세면, 30분간 아침식사와 휴식, 2시간 동안 공부……."

이렇게 만들면 안 된다는 얘기다. 이렇게 생활을 꽉 조이듯이 정한 생활계획표는 100퍼센트 실패하게 된다.

둥그렇게 시계를 만들어 그릴 필요도 없다. 아이들이 갖고 있는 다이어리를 활용하면 충분하다. 보통 시스템 다이어리에는 하루, 한 주, 한 달 계획이 아주 체계적으로 준비되어 있다. 이런 지면을 활용해 계획을 세우면 된다. 이때는 날마다 발생할 수 있는 특수상황에 대해, 그리고 마음이 느슨해지는 순간을 위한 융통성도 발휘해야 한다. 공부나 숙제 외에도 아이가 좋아하는 일들을 계획표에 넣고 컴퓨터, 텔레비전 시청, 독서 같은 것들도 충분히 아이의 의견을 반영해서 시간을 안배해야 한다. 계획표가 일방적으로 부모의 의견대로 짜여진다면 아이가 자발적으로 실천하기 힘들다. 실천력이 없는 계획표는 아무 소용이 없다는 점을 분명하게 인지하고 아이와 함께 충분한 대화를 나누며 만들도록 한다.

특히 처음에는 시간대별로 고정적인 계획표를 만들지 않도록 주의해야 한다. 하루에, 혹은 일주일에 마무리해야 할 일들의 목록을 작성하는 것으로부터 계획표는 시작되어야 한다. 자신이 정한 모든 목표를 다 달성할 수 없는 것은 당연하다. 사람은 누구나 실천력보다 의욕이 앞서기 때문이다. 하지만 그런 일로 아이들이 좌절해서는 안 된다. 그래도 괜찮다고 아이에게 격려해주어야 한다. 자신이 짠 것 가운데서 몇 가지라도 제대로 실천했다면 그걸로 충분하다. 그리고 그렇게 실천한 내용을 생활계획표에 꼭 표시해두도록 해야 한다. 우선 하루하루 반드시 해야 할 일들에 익숙해진 다음에 시간의 길이를 더 늘려가도록 하는 것이 바람직하다. 이렇게 아이와 함께 목표를 세우고 계획표를 만들고 그것을 하나하나 실천해가다 보면 나도 모르는 사이에 생활습관이 바뀌게 된다. 아이는 물론, 부모도 함께 발전하는 것이다.

내가 운영하는 자기경영아카데미에 참가한 한 의사선생님은 아이가 초등학교를 들어갈 무렵부터 스스로 해야 할 일들을 계획하는 습관을 가르쳤다고 한다. 저녁이면 큰 테이블에 마주앉아서 내일 해야 할 일들을 계획하는 일을 생활화하도록 가르쳤다. 이런 태도는 평생을 가져갈 수 있는 좋은 습관이라고 생각했기 때문이다. 이제 4학년이 된 이 아이는 학교 공부, 한글과 영어 독서량, 그리고 외국어 실력뿐만 아니라 독립심 면에서 누구든 감탄사를 연발할 정도로 성장해나가고 있다. 정말 평생을 가져갈 수 있는, 성공을 위한 든든한 유산을 물려준 것이다.

자기주도적인 학습법을 몸에 익히도록 돕는다

요즘 부모들이 가장 관심을 갖고 있는 학습법이 자기주도 학습법이다. 아이들이 워낙 학교와 학원, 학습지에 시달리다 보니 안쓰럽기도 하고 이렇게 억지로 공부시키는 게 얼마나 효과가 있을까 하는 생각이 들어서일 것이다. 하지만 아이 스스로 자신의 공부를 설계하고 실천해가게 맡겨두자니 부모 입장에서는 불안할 수밖에 없다.

"어린애가 혼자서 시간관리를 하고 진도관리를 하면서 공부할 수 있을까? 혹시나 저 혼자 뒤떨어지면 어떡하지?", "그렇게 두세 달 놀렸다가 성적이 뚝 떨어지면 그걸 만회하는 데 또 얼마나 많은 시간과 노력이 필요할까?" 하는 생각들이 앞서서 시도조차 못하는 것이다. 이런 생각에는 10대 아이들에겐 주도적으로 스스로 공부할 수 있는 능력과 의지가 부족하다는 선입견이 깔려 있다. 어떻게든 조금이라도 더 놀려고 하는 게 아이들이라고 생각하는 까닭이다.

하지만 학원에만 보내놓으면 아이들이 다 공부를 하는 것도 아니다. 다만 아이가 부모 눈앞에서 빈둥거리지 않으니 그것만으로도 안심이 되고 위로가 되는 것뿐이다. 그렇게 생각하고 보면 부모 마음 편하자고 아이를 학원에 보내는 셈이 되어 버린다. 아이들 입장에서도 마찬가지다. 학교에, 학원에 눈코 뜰 새 없이 지내다 보니 하루 종일 공부만 한 것 같은 느낌이 들어 오히려 부담 없이 잠자리에 든다. 제대로 복습이 되었는지, 예습은 했는지 점검해보지도 않는다. 하루 종일 책상에 앉아 있었는데, 또 뭘 해야 하나 하는 생각이 자기도 모르게 찾아드는 것이다. 이렇게 모든 아이들에게 일률적으로 주어지는 공부법은 우리 아이의 특성을 염두에 두지 않는다. 반대로 자기주도 학습법은 아이 스스로 시간과 진도 수준을 조절해가며 자신에게 맞는 공부를 하게 되면 시험 성적을 올리고 시험불안을 완화하는 것은 물론, 집중력을 기르는 데도 큰 도움이 된다. 스스로 자신의 행동을 통제할 수 있는 힘을 길러 인터넷이나 게임 시간을 조절할 수 있어서 무엇보다 시간에 쫓기지 않으면서도 학습효과 면에서는 큰 성과를 거둘 수 있다.

자기주도 학습법의 첫 번째 단계는 동기조절이다. 아이들이 스스로 공부하기 위해서는 내적 동기를 불러일으켜 주어야 한다. 이때는 자신감을 갖게 하는 것이 기본이다. 그동안 아이가 경험한 성공사례와 실패사례, 자신 있는 것과 자신 없는 것, 취약한 것 등을 확인해보고 자신의 현실을 확인하게 한다. 나아가 '나는 할 수 있다'는 신념을 심어줘야 한다.

미래에 아이가 어른이 되었을 때 내가 꿈꾸는 모습이 어떤 건지 구체적으로 그려보게 하는 것도 도움이 된다. 의지가 약해질 때마다 자신의 꿈을 되새기며 마음을 다스리면 열심히 공부해야 하는 이유를 스스로 깨닫게 될 테니 말이다. 장차 어떤 사람이 되고 싶은지, 그렇게 되기 위해서는 지금 어떻게 해야 하는지 스스로 확인해보아야 자기주도로 학습계획을 실천할 수 있다. '잘 되고야 말겠다'는 동기를 스스로 갖게 되는 것은 자기주도적 학습을 시작하는 첫 걸음에 해당한다. 이 단계를 충분히 거치지 않고 다음 단계로 넘어가면 제대로 자기주도 학습을 할 수 없다.

두 번째는 인지조절 단계이다. 수학 오답노트 만들기, 영어 단어와 숙어장 만들기, 학습장 쓰기 등의 테크닉을 활용해 공부의 효율성을 극대화하는 훈련을 해야 한다. 스스로 자신의 학습 진도와 수준 등을 점검하고, 부족한 점을 하나하나 메워나가는 단계다. 물론 어려운 문제는 선생님이나 친구, 부모님께 물어볼 수도 있고 필요하면 스스로 문제집이나 학원 수강 등도 선택하게 한다. 이때 입학시험 같은 큰 시험과 학교 중간고사 등의 작은 시험에 대한 대비를 할 수 있도록 도와주어야 한다.

세 번째는 행동조절 단계이다. 중요한 일, 덜 중요한 일, 급한 일, 덜 급한 일 등을 판단해서 일의 순서를 정하는 훈련이다. 이런 훈련은 상황에 대한 판단력과 순발력을 길러주며, 학습을 방해하는 여타의 활동을 자제하는 힘을 길러준다. 예를 들어 시험공부를 해야 하는데 친구는 생일파티를 한다고 하고 엄마는 이모네 집에 심부름을 다녀오라고 한다면 아이들은 갈등을 경험하게 된다. 이렇게 여러 가지 일이 동시에 벌어지는 상황에서 어떤 선택을 해야 할지 스스로 결정하게 한다. 그리고 학습목표에 따라 주간계획을 세우고 그에 따라 일일목표를 세워서 실천해나가게 한다.

자기주도 학습법의 성패는 아이의 의지와 철저한 계획생활에 있다. 무엇보다도 처음 시도할 때 발생할 수 있는 우려와 부담감을 이겨내는 것이 관건이다. 아이나 부모 모두 할 수 있다는 자신감을 가지고 실천적으로 움직이지 않으면 망설이거나 중간에 포기하는 일이 생길 수 있다. 자기주도 학습 과정을 다이어리에 꼼꼼하게 적으면서 아이 스스로 학습과정을 수시로 점검하게 하면 짧은 시간 안에 눈에 띄는 변화를 경험할 수 있을 것이다.

함께 신문이나 뉴스를 보며
대화할 거리를 찾아 나눈다

아이가 사춘기에 접어들면 도무지 무슨 생각을 하는지 알 수 없다고들 한다. 요즘 아이들은 이르면 초등학교 4학년 때부터, 늦어도 6학년 때쯤에는 사춘기를 경험한다. 사춘기 아이들은 자기도 다 컸다고 생각하고 부모에게 자신의 마음속 이야기를 안 하려 든다.

"그런 게 있어. 엄만 몰라도 돼."

"아빠는 도대체 왜 저래? 엄마는 왜 하필 아빠랑 결혼했어?"

이런 말을 습관적으로 하며 대화를 거부한다. 그러니 아이에게 말 붙이기가 참 어렵다. 또한 걸핏하면 삐치고 예민해져 다루기가 힘들다. 하지만 아이를 이해하고 마음속을 들여다보려면 어떻게든 대화의 물꼬를 터야 한다. 이때 가장 쉬운 방법이 뉴스다. 신문이나 인터넷의 뉴스를 함께 보며 부모님의 의견을 살짝 곁들여 아이가 어떻게 반응하는지 살피는 것이다. 아이가 뜻밖의 반응을 보이더라도 놀라거나 나무라서는 안 된다. 이 시간은 아이와 토론을 하는 게 목적이 아니고 어떻게든 아이와 대화를 하고 속마음을 알아보는 게 목적이기 때문이다. 이 시기의 아이들은 아직은 어리고 인지능력이 부족하기 때문에 사회 현상에 대한 분석력이 떨어질 수밖에 없다. 아이가 사회 현상에 어떤 입장을 취하는지, 근래에 일어난 사건들을 어떻게 받아들이는지 등을 살펴보며 아이의 전반적인 성향을 짐작해보는 것만으로 충분하다.

물론 아이들도 살짝 꾸미려 한다. '내가 이렇게 말하면 엄마가 날 이상한 애 취급할 거야' 하는 판단이 서면 속마음과는 다르게 말할 줄도 안다. 부모는 넓은 안목을 가지고 아이의 특성을 파악하며 대화를 이끌어가야 한다.

중학교 2학년인 소희는 엄마랑 둘이서 저녁밥을 먹으면서 뉴스를 보고 있었다. 그때 어린이 유괴 관련 뉴스가 나왔다. 소희 엄마는 가슴이 아파 눈시울을 적셨다. 그랬더니 소희가 눈을 동그랗게 뜨고 묻더란다.

"엄마, 왜? 아는 애?"

또 한번은 교통사고로 일가족 네 명이 모두 사망했다는 뉴스가 나오자 소희가 뜻밖의 반응을 보였다.

"불행 중 다행이네, 뭐! 애기만 혼자 살았으면 어쩔 뻔했어?"

그전까지만 하더라도 소희 어머니는 소희가 그렇게 냉소적인 구석을 갖고 있으리라고는 짐작도 못했다. 그런데 그날 이후 소희를 지켜보니 매사에 '뭐, 다 그렇지' 하는 반응을 보이는 것이었다. 중학교 2학년생이 그렇게 세상과 사람들에 대해 회의적인 태도를 갖고 있으리라고는 상상도 못했던 소희 어머니는 소희에 대한 태도를 조금씩 바꿔갔다. 세상을 바라보는 따뜻한 눈을 만들어주기 위해 여러 가지 노력들을 기울였다. 함께 시장에도 다니고 고아원이나 양로원에 봉사도 가고 전시회 등을 다니며 아이의 감수성을 자극할 수 있도록 배려했다.

그랬더니 이번에는 소희가 또 엉뚱한 소리를 하는 게 아닌가.

"엄마는 내가 그렇게 걱정돼? 걱정 안 해도 돼. 안 비뚤어져."

소희 어머니는 당황했다. 하지만 아이가 엄마에게 그 정도로 솔직하게 얘기할 수만 있어도 큰 걱정은 없다. 사춘기 아이들은 엄청난 감정기복을 경험하며 스스로 길을 찾아간다. 부모가 아이의 이런 변화 하나하나를 너무 민감하게 받아들이면 오히려 긁어 부스럼을 만드는 일이 생길 수 있다.

아이를 잘 지켜보다 부모의 도움이 필요한 순간, 아이가 엄마를 찾아 뒤를 돌아보는 순간 순발력 있게 개입하면 된다. 그 외에는 부모의 어떤 활동도 아이에겐 부담스러울 수 있다. 사춘기 아이들에게는 부모의 역할을 최소화하는 훈련이 필요하다.

생애 최고의 선물,
독서하는 습관을 길러준다

요즘은 많은 가정에서 '거실을 서재로 꾸미기 운동'을 한다. 정말 좋은 아이디어다. 물론 서재 하나 꾸민다고 해서 온 가족이 당장 학구파로 변하는 것도 아니고 거실을 가득 채울 만큼 책을 사들일 수도 없는 노릇이다. 다만 독서도 공부도 습관이 몸에 배어야 하는 것이라는 점에서 독서량이 늘어날 것만은 분명하다. 처음에는 그냥 아주 쉬운 동화책이나 만화책을 읽을 수도 있다. 하지만 한 권, 한 권 흥미로운 책으로 책장을 채워넣다 보면 거실은 소중한 서고로 다시 태어날 것이다. 그리고 언젠가 아이가 그 가치를 깨닫게 되면 부모에게서 물려받은 그 어떤 유산보다 감사해할 것이다. 독서하는 습관이야말로 생애 최고의 선물이기 때문이다.

세상에는 수많은 오락과 즐거움이 있지만 독서만큼 유익하면서도 즐거운 일은 없다. 특히 생각하는 힘을 키우는 데는 독서만한 방법이 없다. 10대 아이들에게 독서가 특히 중요한 것은 이런 이유에서다. 자신의 분야에서 어느 정도 성취를 이룬 사람들을 아이들이 직접 만나서 대화를 나눌 수 있는 행운을 갖기는 힘들지만, 책을 통해서라면 얼마든지 성공한 사람들의 육성을 들을 수 있다. 이런 경험은 성장기 아이들에게 훌륭한 양분이 된다.

하지만 독서습관을 들이는 일이 그리 쉽지만은 않다. 텔레비전을 보는 일은 그냥 가만히 앉아 있기만 해도 되는 수동적인 행동이지만, 독서는 매우 흥미와 열의가 있어야 행동으로 옮길 수 있는 능동적인 행동이다. 특히 아이들의 경우, 하루 종일 공부에 쫓기면서도 책을 읽기 위한 시간을 내기 위해서는 무엇보다 먼저 '왜 읽어야 하는가'에 대한 강한 의미 부여가 되어야 한다. '읽으면 좋지만 그렇지 않아도 된다'는 정도의 생각을 갖고 있다면 지속적인 독서는 불가능하다.

다음으로 필요한 것은 독서할 수 있는 시간을 확보하는 일이다. 우리 아이들은 하루 종일 책상 앞에 앉아서 시간을 보낸다. 하지만 막상 자기 자신을 위한 책을 읽을 만한 시간은 없다고 하소연한다. 학교 공부를 하면서 규칙적으로 무엇인가를 읽을 수 있는 시간을 확보하기란 만만치 않은 것이 사실이다. 그래서 짬짬이 시간을 내서 읽을 수 있는 습관을 키워야 한다. '하루 종일

시간을 내서 몇 권을 독파하겠다' 이런 거창한 계획을 세울수록
실천은 그만큼 어려워진다. 틈틈이 시간이 나는 대로 책을 펼쳐
드는 습관을 기르는 것이 훨씬 효율적이다. 책을 읽는 재미를 조
금씩 느끼기 시작하면 아이들은 학과 공부를 잠시 미루어두고
휴식을 취하는 방법이 독서임을 깨닫게 된다. 물론 이런 습관은
어른도 마찬가지다.

독서습관을 들일 때는 자신이 좋아하는 장르를 중심으로 해서 책 읽기를 시작하면 좋다. 그러다 차츰차츰 독서의 지평을 넓혀 가는 것이다. 그리고 읽은 것은 발표할 기회나 글을 쓸 기회가 있을 때 활용해보는 것이 좋다. 특히 논술이나 주관식 풀이 등에 활용할 수 있다면 아이들의 성적이나 성취에도 직접적인 도움을 받을 수 있다. 이런 과정을 통해 아이들은 독서가 얼마나 자신의 인생에 소중한 투자인지 깨우치게 된다.

　아이들 중에는 책 읽는 것 자체를 너무 싫어하는 아이들이 있다. 책이라면 아예 손도 안 대고, 겨우 읽는다는 게 만화책이다. 아이가 만화나 이야기책을 못 벗어나고 있다면 독서계획표를 세워 단계별로 독서 난이도를 높여가는 방법을 써본다. 그림이 많은 책, 쉬운 이야기책으로 시작해서 청소년 소설, 에세이 등으로 폭을 넓혀간다. 처음부터 톨스토이니 셰익스피어를 갖다 안기는 건 아예 책을 읽지 말란 말이나 다를 바가 없다. 아이에게 어떤 책을 읽혀야 할지 모르겠다면 대형 서점이나 교육청 등에서 발표하는 청소년 권장도서 목록을 참고하는 것도 좋은 방법이다. 아이에게 양질의 책을 읽히는 것은 맛있는 음식을 골고루 먹이는 일만큼이나 중요하다는 것을 기억해야 한다.

　우리 집은 텔레비전을 꺼버린 지 제법 오래되었다. 어른이건 아이건 간에 심심하지 않으면 책을 가까이하기 힘들다는 것이 나의 지론이기 때문이다. 텔레비전은 아무런 노력을 하지 않고도 재미를 느낄 수 있는 반면, 책은 머리를 써야 재미를 얻을 수 있다. 아이가 머리를 쓰도록 만들고 싶다면 텔레비전보다는 책을 쥐어주어야 한다.

작은 것이라도
자원봉사를 실천하게 한다

서해안 기름유출 사고가 발생했을 때, 정말 많은 사람들이 내 일처럼 여기고 달려와 기름 제거작업에 참여했다. 200일 동안 130만 명의 자원봉사자가 다녀간 것으로 집계되었다는 보도를 보니 우리 국민들이 정말 자랑스럽고 뿌듯했다. 사고가 워낙 컸지만 후유증을 줄일 수 있었던 데는 자원봉사의 역할이 컸다. 이 봉사활동에 참여한 사람도 다양했다. 연예인들부터 직장인, 사회봉사단체, 어린이들까지 남녀노소를 가리지 않고 모든 계층의 사람들이 짬을 내어 다녀갔다.

텔레비전 인터뷰에서 본 한 어린이는 '아버지를 따라왔는데, 이렇게 아름다운 바닷가에서 해수욕을 할 수 없게 될까 봐 걱정돼서 왔다' 면서 '이번 봉사활동을 통해 자연의 소중함을 깨닫게 되었다'고 말했다. 초등학교 5학년쯤 되어 보이는 남자아이였는데 송글송글 땀이 맺힌 얼굴이 눈에 선하다. 이 아이의 아버지는 봉사활동을 하는 동시에 아들에게 산교육을 시키는 2가지 성과를 거둔 것이다.

이 아이는 평생 그날의 기억을 잊지 못할 것이다. 그리고 어디선가 봉사의 손길을 필요로 한다면 자신의 아버지가 그랬던 것처럼 가족을 이끌고 나설 것이다. 이렇게 작은 힘이라도 보태 어려운 이웃을 돕고 환경을 지키는 일의 즐거움과 보람을 알게 되었으니 이 아이의 인생은 분명 그 이전과는 달라질 것이다.

봉사의 경험은 종종 사람의 인생을 변화시키는 중요한 분수령이 된다. 타인을 돕는 일은 자신이 가진 것에 감사할 수 있는 기회와 자신을 되돌아볼 수 있는 성찰의 기회를 준다. 그렇기 때문에 봉사활동은 자신을 돕는 일이기도 하다. 그래서 아이들의 사회봉사 경험은 아주 소중한 것이다.

이웃과 더불어 살고 자연과 더불어 사는 것은 다른 어떤 형태의 삶보다 미래지향적인 삶이라고 할 수 있다. 아이가 많은 사람들에게 사랑을 받고 또 베풀며 살아가기를 바란다면 아이에게 작은 봉사라도 실천하게 해야 한다. 내 것이 작아도 나눌 수 있고, 작은 것을 나누는 마음이 더 크다고 가르쳐야 한다.

예진이 어머니는 주말마다 독거노인들을 돌보는 봉사를 하고 있다. 혼자 사는 할머니, 할아버지들을 방문해 청소도 해주고 목욕도 시켜주고 반찬도 만들어 드린다. 예진이가 초등학교 5학년일 때부터 시작했으니 벌써 5년이 되었다. 하지만 가족들 앞에서는 별 얘기를 안 한다. 예진이 어머니도 시부모가 계시고 친정부모도 계신데 남의 부모 수발을 하고 다니니 죄송해서다. 하지만 양쪽 어른들 모두 건강하고 경제력이 있어서 다른 사람의 도움은 필요 없는 상황이라, 거기서 남는 힘을 봉사활동에 쓰고 싶다는 게 예진이 어머니의 생각이다.

그런데 얼마 전부터 예진이가 엄마의 봉사활동에 관심을 갖기 시작했다. 그러더니 어느 날인가는 엄마에게 그러더란다.

"엄마, 나 다음주에 기말고사 끝나면 토요일 날 엄마 한번 따라가 볼까?"

예진이 어머니는 그만 왈칵 눈물이 쏟아져 예진이를 끌어안았다. 남들에게 보여주려던 것도 아니고, 아이에게 본받으라고 그런 것도 아니었는데 예진이가 먼저 이렇게 관심을 가져주니 너무 고맙고 대견했다. 예진이는 이제 한 달에 두 번씩 엄마를 따라다니며 할아버지, 할머니의 방을 청소하는 일을 한다. 엄마가 고맙다고 수고했다고 머리라도 쓸어주면 '작은 방 하나 닦아드리는 게 뭐 어려운 일이냐'며 오히려 엄마를 격려한다.

엄마의 마음을 이해할 줄 알고, 이웃의 어려움을 함께할 줄 알고, 자신의 작은 힘을 나눌 줄 아는 아이에게 더 이상 무엇이 필요하겠는가. 예진이 어머니 역시 서해안 기름유출 사고 현장에 아들을 데리고 나온 아버지처럼 독거노인들을 위한 봉사와 딸아이의 인성교육을 한꺼번에 훌륭하게 해낸 것이다. 봉사활동 확인서를 받기 위한 형식적인 봉사가 아니라 진정으로 마음을 열어 아픔을 나누는 진정한 봉사를 알게 하면 인성교육은 걱정 안 해도 될 것이다. 타인을 도우면서 사는 사람은 누구든지 자신이 갖고 있는 것에 감사하게 된다. 감사할 수 있는 사람이라면 자연히 열심히 살게 된다.

작은 위기와 실패도
무릅쓰도록 한다

텔레비전 광고 중 한 상처치료제 광고를 보니 축구를 하다 한 아이가 넘어져 얼굴에 상처가 생겨 피가 나자 어머니가 달려들어온다. 어머니는 아들의 얼굴에 반창고처럼 생긴 상처치료제를 붙여준다. 그리고는 이렇게 말한다.

"흉 지면 안 되니까!"

흉터 하나 없이, 티 하나 없이 키우고 싶은 게 부모들의 한결같은 마음이다. 그런데 얼굴은 티 하나 없이 키우는 게 좋지만, 마음은 그렇지만도 않다. 아이들은 아주 어릴 때부터 작은 도전을 통해 자신의 능력을 키워간다. 누워만 있던 갓난아기가 뒤집기 시작하면 하루 종일 뒤집으려 한다. 뭔가 새로운 세계를 알았으니 계속해서 확인해보고 싶은 것이다. 그러다 기고 서고 걷고 달린다. 그 과정 하나하나를 거칠 때마다 아이들은 엄청난 두려움을 겪는다. 기고 걷는 그 모든 단계가 새로운 도전이기 때문이다. 하지만 무릎이 까지거나 콧등에 생채기가 생겨도 이 도전을 포기할 수는 없다. 새로운 세계로 나아가려면 무릎이 까지는 아픔 정도는 거뜬히 견뎌내야 하기 때문이다. 만약에 넘어질 것이 두려워 걸음마를 하지 않으려 한다면 이 아기는 결국 걷지 못할 것이다.

우리가 사는 사회도 똑같다. 한 단계, 한 단계 세상으로 나갈 때마다 새로운 도전과 상처가 기다리고 있다. 아이를 밖으로 내보내려면 이런 도전과 상처, 좌절에 대한 준비를 시켜야 한다. 아무 상처도 없이 온실에서 키운 아이가 갑자기 밖으로 나오면

오래 견디지 못한다. 항상 준비되어 있는 온도와 습도, 영양분 속에서 살다 야생에 적응하려면 쉬운 일이 아니다. 그래서 현명한 부모는 일찍이 아이에게 도전정신을 가르친다. 자기 능력보다 한 단계 위의 과제에 도전해보게 하는 것이다. 고학년 문제집을 풀어보게 할 수도 있고 혼자서 여행을 해보게 할 수도 있다. 태권도 같은 운동을 한다면 자기보다 덩치 큰 아이와 대련을 해보게 하고 수영 같은 기록경기라면 스스로 기록을 경신할 수 있도록 과제를 내주기도 한다. 각종 경시대회를 준비하도록 하는 것도 마찬가지다. 이 과정에서 아이들은 도전에 성공하기도 하고 실패를 경험하기도 한다. 하지만 이것은 꼭 이기라고 하는 도전이 아니다. 오히려 실패하라고 시키는 도전이다.

실패는 성공의 어머니라는 말처럼 실패가 있기에 성공이 있는 것이다. 이런 작은 실패의 경험은 아이들을 더욱 단단하게 만들어주는 작용을 한다. 그래서 더 큰 도전이 다가와도 두려워하지 않게 되고 더 큰 실패를 경험해도 툭툭 털고 다시 일어서게 된다. 그런 의미에서 상처는 아이를 성장하게 하는 좋은 교육이라고 할 수 있다.

집에서 너무 오냐 오냐 키운 아이들은 밖에서 자신의 뜻이 관철되지 않으면 굉장히 큰 좌절감을 맛보게 된다. 자신의 말이 안 통한다는 것만으로도 충격을 받고 부적응적인 행동을 보이는 것이다.

10대 아이들이 겪는 좌절은 주로 성적이 떨어졌을 때, 사소한 오해로 친구와 싸웠을 때, 선생님이 내 마음을 몰라줄 때 나타난다. 하지만 이런 좌절은 사회에 나와서 겪는 좌절을 연습하는 과정에 불과하다. 성장기에 실패와 절망감을 한 번도 경험해보지 않은 사람은 나이가 들수록 점점 커지는 사회적 외로움과 난관을 이겨내기 힘들다. 아이들은 언젠가는 부모로부터 독립을 해야 한다. 언젠가는 아이들 스스로 자신의 인생을 개척해나가야 한다. 그때를 대비해 아이들의 마음을 건강하고 튼튼하게 다져주어야 한다.

상처 없이 키우는 것만이 대수가 아니다. 도전과 실패, 좌절과 재기, 이 일련의 과정을 통해 아이의 마음이 더욱 강해지도록 만들어주어야 한다. 아이들이 문제를 겪을 때 부모가 너무 서둘러 나서서 문제를 해결해주거나 위로하려 하지 말고, 아이가 스스로 짚고 일어서는 자생력을 가질 수 있도록 기다릴 줄 알아야 한다. 그것이 진정으로 아이를 강하게 키우는 길이다.

부모와 아이가
멀어지는 훈련을 한다

아이들이 사춘기를 겪으면서 독립심이 커지면 부모들은 외로워진다. 또 아이가 엄마의 도움 없이 뭔가 해보려는 태도를 보이면 엄마는 불안하고 서운한 느낌을 갖기도한다. '내 아이'라고만 생각해왔던 자녀가 어느덧 심리적 독립을 선언하고 나선 것을 받아들이는 건 쉬운 일이 아니다. 하지만이는 아주 자연스러운 현상일 뿐이다. 엄밀히 말하자면 부모가아이에게 정성을 쏟고 애정을 기울여 키우는 것은 부모로부터아이를 제때 제대로 떼어내기 위해서이다.

아이는 태어날 때부터 부모와는 별개의 인격체이며 성장해갈수록 부모와 멀어져 간다. 그러다 어느 순간에 이르면 완전히독립된 개체로서의 삶을 살아가게 되는 것이다. 물론 그렇게 되기까지는 많은 시간이 필요하다. 보통 20대 청년기를 무난히 치러내야 인격적으로, 경제적으로 완전히 독립된 성인기로 이행하게 된다. 이 과정에서 부모와의 분리가 제대로 이루어져야 성숙한 독립체가 되는 것이다. 아이들은 사춘기 때부터 이 준비를 시작한다.

미국의 심리학자 스탠리 홀은 청소년기의 특징을 '폭풍과 스트레스'라고 말했다. 우리는 이것을 흔히 '질풍노도의 시기'라고 표현한다. 말 그대로 미친 듯한 바람이 휘몰아치고 물결이 소용돌이치듯 격정적이며 걷잡을 수 없는 시기라는 말이다. 이런 과정을 통해 아이들은 자기 자신을 깨달아가고 세상과의 접점을 마련한다. 어머니의 아들이나 딸이 아닌, 자기 자신을 찾는 것이다.

이때 부모는 어떻게 해야 할까? 사실은 그냥 지켜보는 것 외에는 달리 도와줄 방법이 없다. 아이가 이 과정을 잘 치러내기를 바라면서 응원을 해주는 것이 부모가 할 수 있는 일의 전부다. 물론 아이의 독립 시도가 부모에겐 낯설고 힘들 수도 있다. 하지만 가장 고통스럽고 두려운 사람은 아이 자신이다. 이럴 때는 부모 형제와의 관계도 별 위로가 되지 못한다. 아니, 이 시기에는 자기 자신마저 의심하고 부정함으로써 새로운 해답을 얻어야 하는 만큼 오히려 가족을 부담스럽게 느끼기도 한다.

그래서 아이의 심리적 독립을 지원하는 의미에서 부모와 아이가 떨어지는 훈련을 해봐야 한다. 아이들이 부모의 곁을 떠나서 생활하는 대표적인 경우는 수련회나 수학여행처럼 학교나 종교 단체에서 이루어지는 특별활동이다. 처음에는 서로 떨어져 지내는 것에 대해 부모도, 아이들도 모두 불안해한다. 또 어쩌다 떨어져서 지내게 되면 어머니들의 걱정이 이만저만이 아니다. '아이가 지금 뭐 하고 있을까, 밥은 먹었을까? 저 혼자서는 아무것도 못하는 아인데……' 하며 안절부절못한다. 하지만 아이들은 부모 품을 떠나 친구들과 함께 있으면 더 잘한다. 아주 신이 나서 저희들끼리 적응하며 금세 새로운 문화를 만들어낸다.

여행까지는 아니더라도 하루 종일 아이 걱정 없이, 아이는 또 부모를 찾지 않고 자기 힘으로 지내보는 것도 괜찮은 방법이다. 엄마가 없어도 혼자서 밥도 차려먹고, 빨래도 하고, 스스로 자기 방도 청소할 수 있어야 한다. 감시자가 없어도 공부하고 스스로 모든 것을 즐겁게 해나갈 수 있다면 아이는 독립심을 키우는 훈련을 하는 것이다.

부모들은 아이를 믿고 내버려둘 줄 알아야 한다.

"학원에 가기 전에 숙제 다 해놔야 돼."

"엄마 지금 들어가니까 씻고 영어단어 외우고 있어."

이렇게 하루에도 몇 번씩 전화를 하며 일거수일투족을 지시하는 일은 생각처럼 뛰어난 성과를 발휘하지 못한다. 오히려 내버려두면 혼자서도 잘 해나갈 아이도 이렇게 일일이 간섭을 하고 지시를 하면 수동적으로 변해버린다는 것이다. 그렇다고 해서

방임해서 키우라는 이야기는 아니다. 일정한 간격을 두고 제대로 지키고 있는가는 꼭 챙겨봐야 한다. 하지만 지나치게 '했니, 안 했니' 라는 식으로 간섭하는 일은 오히려 역효과가 난다는 점을 지적해두고 싶다.

부모와 아이가 서로 멀어지는 훈련을 하는 것은 열다섯 살부터 스물다섯 살까지 대략 10년에 걸쳐 이루어진다. 아이가 경제적 능력을 갖기 전까지는 아무래도 부모에게 의존할 수밖에 없고 완전한 독립은 이루기 힘들기 때문이다. 이 과정을 이해하고 미리미리 준비해야 배신감 없이 후련하게 아이들을 떠나보낼 수 있다. 그동안은 곁에 있어줘서 고마웠다면, 이때부터는 잘 독립해줘야 고마운 것이다.

기회가 있다면
캠프나 세미나를 경험하게 한다

아이와 멀어지는 훈련 중 가장 좋은 방법이 바로 캠프나 세미나에 보내는 것이다. 이런 곳에서는 단순히 노는 것이 아니라 자신의 장단점을 있는 그대로 인식하고 자기 계발을 도모하기 때문에 아이들이 부모 곁을 떠나 짧은 시간 내에 가장 크게 성장할 수 있는 좋은 계기가 된다. 이런 기회를 통해 아이들은 새로운 친구를 사귈 수도 있고 부모님의 은혜를 새삼 깨닫기도 한다. 그리고 자신의 몸과 마음을 어떻게 소중히 다뤄야 하는지도 알게 되고 다른 사람에게 상처 주지 않으면서 관계를 형성하는 법도 자연스럽게 익히게 된다.

그런데 대부분의 부모들이 방학을 했으니 뭔가 시키긴 시켜야지 싶어서, 또는 남들 다 하는데 안 시킬 수 없어서 아이들을 이런 곳에 보낸다. 하지만 어차피 시간과 비용을 들여 아이들을 보내려면 아이에게 꼭 필요한 캠프에, 아이가 하나라도 배워올 수 있는 워크숍에 보내야 한다.

자신감이 부족하고 소극적인 아이들은 리더십 캠프에 보내면 아주 좋다. 리더십 캠프는 보통 아이들의 사회성을 기르고 다양한 대인관계를 경험할 수 있는 프로그램으로 구성된다. 이런 문화를 경험해보지 않은 아이라면 처음에는 낯설어하며 겉돌 수도 있지만, 전문가들의 도움을 받아 이내 적응하며 좋은 경험을 하고 올 것이다.

활발하고 야외활동을 좋아하는 아이라면 국토순례 캠프나 해병대 캠프 같은 극기훈련을 경험하게 하면 좋다. 자신의 몸을 써서 역동적인 활동을 경험해봄으로써 스트레스를 풀고 보다 긍정적인 마인드를 가지고 돌아올 것이다. 반대로 활동적이지 않은 아이들은 야외 레포츠 캠프에 보내는 게 좋다. 레프팅이나 카약 같은 격한 물놀이, 자전거 타기 같은 레포츠를 즐기면서 자연을 즐기고 신체활동을 하다 보면 스스로도 알지 못했던 자신의 또 다른 면을 발견하는 좋은 계기가 될 것이다.

호기심이 왕성하고 사고력이 뛰어난 아이들은 과학 캠프가 좋다. 요즘은 로봇이나 우주, 환경, 역사, 문화를 주제로 한 캠프가 많아졌다. 또 아직 어리광을 부리는 아이라면 예절 캠프나 서당, 공부방 같은 데 보내는 것이 좋다. 이렇게 엄격한 규율과 질서

속에서 며칠간 교육을 받는 것만으로도 한층 어른스러워져서 돌아올 것이다. 그 외에도 외국어 캠프나 종교 활동 등을 통해 새로운 지식과 경험을 쌓을 수 있게 해주면 좋다.

사실 이런 데 들어가는 비용도 만만치 않긴 하지만 성과를 두고 보자면 부모가 1년 내내 가르쳐도 될까 말까 한 것을 캠프에서는 일주일 안에 배워서 나온다. 물론 아이들이 아직 어리다 보니 그 효과가 그리 오래 가지는 않는다. 그래서 이런 교육은 반복적으로 이루어져야 한다. 부모를 떠나 또래들과 함께 생활하는 기회를 갖는 것은 아이들 스스로 자기 자신과 자신의 삶에 대해 각성할 수 있는 계기가 된다. 이는 천금을 주고 살 수도 없을 만큼 귀한 순간이다. 깨달음의 순간은 우연한 기회에 온다. 정해진 틀 안에서 마치 시계추처럼 왔다갔다하는 생활이 아니라 일상을 떠나서 생활하는 동안 '각성의 순간'을 경험할 가능성이 높아진다.

소라는 방학 때마다 청학동 서당에 간다. 보통 일주일 정도 다녀오는데 예절교육이나 한문 공부를 주로 하고 대부분의 시간을 자연 속에서 놀다 온다. 이렇게 일주일 정도 다녀오면 나머지 방학 기간은 소라 저 혼자 잘 해낸다. 맨 처음에 소라를 이곳에 보낸 것은 엄마, 아빠가 맞벌이를 하기 때문에 학교 방학에 학원 방학까지 겹치면 소라를 혼자 둘 수 없어서였다. 하지만 이제는 소라가 자발적으로 가고 싶어한다.

예전의 소라는 공부는 잘하지만 성격이 좀 산만한 아이였다. 그러나 방학 때마다 서당에 다니면서 명상을 하고 예절을 배우다 보니 자기도 모르게 많이 차분해진 것 같다고 말한다. 소라는 이제 중학교 2학년이 되었다. 소라의 부모님은 서당에 오는 아이들이 너무 어려서 올 겨울부터는 템플스테이를 보내볼까 계획하고 있다. 템플스테이는 서당보다 훨씬 힘든 일정인 것 같아 조금 걱정되긴 하지만, 소라가 이런 체험활동에 경험이 많은 만큼 잘 해내리라고 생각하고 시도해볼 생각이라고 한다.

소라 부모님처럼 아이의 특성과 목표를 고려하여 그에 적합한 외부 활동 기회를 마련해주어야 한다. 그러면 아이들은 부모님이 기대하는 것 이상의 경험을 하고 돌아올 것이다. 나아가 부모로부터 심리적 독립을 이루기 전에 자신에 대해 생각해볼 기회를 갖게 되어 한층 어른스러워진 모습을 보여줄 것이다.

예술적 체험을 통해
정서능력을 키워준다

다니엘 골먼이라는 심리학자는 "사람의 성공은 20퍼센트의 아이큐와 80퍼센트의 정서능력이 만들어내는 것"이라고 말했다. 사람이 아무리 똑똑하고 뛰어난 상상력을 갖고 있다고 해도 정열과 의지, 감정 등이 부족하면 제 능력을 제대로 발휘할 수 없다는 얘기다. 실제로 많은 연구들이 대인관계가 원만하고 긍정적이며 감성이 풍부한 사람이 자신의 일에서의 성공확률이 훨씬 높다는 것을 정설로 받아들이고 있다.

그런데 이 정서능력은 하루아침에 갑자기 생기는 게 아니다. 어디 학원에서 가르쳐주는 것도 아니고, 벼락공부로 키울 수 있는 것도 아니다. 아이의 성공을 위해서라면 어떻게든 정서능력을 만들어주고 싶지만 상당 부분은 이미 성격적으로 타고났고 나머지는 벌써 지난 10여 년 이상 동안 형성, 발전되어 왔다. 하지만 이제부터라도 정서능력을 고양하는 훈련을 하면 후천적으로 정서능력을 키워줄 수 있다.

정서능력을 키우는 방법은 의외로 간단하다. 어릴 때부터 다양한 감정을 느껴보고 스스로 그것을 해소하는 법을 익혀나가며, 나아가 다른 사람의 감정을 이해하고 공감할 줄 알면 된다. 그런데 가만히 집 안에 앉아서 이런 경험을 쌓을 수는 없는 노릇이다. 더욱이 아직 어리고 공부에 바쁜 아이들이 온갖 상황을 접하고 많은 사람을 만나보는 데도 한계가 있을 수밖에 없다. 그래서 필요한 것이 예술적 체험이다. 아이들이 체험할 수 있는 예술 분야는 책, 영화, 음악, 미술 등이 일반적이다. 평소에도 아이들이 흔히 접하는 장르들이니까 부담도 없고 이들 예술 작품들은 사람의 온갖 감정을 불러일으키는 상황들로 구성되어 있다. 직접적인 경험은 부족할지라도 작품 안에 담겨 있는 기쁨과 슬픔, 분노와 열정, 외로움과 행복 등 다양한 감정을 느껴보게 하는 것이다.

특히 좋은 것은 음악이다. 음악은 인간이 가진 그 어떤 기호보다 더 빨리 사람의 가슴을 두드리며 감성을 자극한다. 악기를 한두 가지 가르쳐서 직접 연주를 해보게 하면 이런 효과를 훨씬 강하게 느낄 수 있다. 음악을 연주하려면 그 안에 담겨 있는 감정과 사상을 완전히 이해해야 하기 때문이다.

미술도 자신의 감정을 표현할 수 있는 좋은 장르다. 자신의 기분이나 느낌, 경험 등을 손으로 직접 그림으로써 카타르시스를 경험하고 부정적인 감정들을 해소한다. 말이 없는 아이들, 감정 표현이 적은 아이들에게 그림을 그리게 하면 말이 아닌 다른 의사표현의 통로를 갖게 됨으로써 정서능력이 발달하는 데 큰 도움이 된다.

이렇게 예술적 체험의 폭을 꾸준히 넓혀가다 보면 성공의 80퍼센트를 보장한다는 정서능력이 저절로 자라난다. 뿐만 아니라 예술을 접하고 누릴 줄 아는 사람으로 성장하게 되어 진정한 아름다움의 가치를 알게 될 것이다. 그런데 이제는 일의 성공에서도 예술적 체험이 창조성의 원천이 된다는 사실이 정설로 받아들여지고 있다.

여행을 통해
더 넓은 세계를 보여준다

 "여행은 나이 든 사람들에게는 하나의 경험에 불과
하지만, 나이 어린 사람들에게는 최고의 교육이 된다."
프랜시스 베이컨이 남긴 이야기다.

실제로 한참 예민한 나이의 청소년들에게는 여행만한 교육이
없다. 1년간의 학교교육보다 한 달간 여행에서 배운 지식과 경험
이 아이에게는 훨씬 큰 영향력을 미친다. 여행을 하게 되면 무엇
보다 견문이 넓어진다. 더 넓은 세계로 나아가니 보고 듣는 것이
많아질 테고 보고 듣는 것이 많아지면 자연스레 생각이 많아지
고, 생각이 많아지면 사람의 깊이가 달라진다. 자신과 자신의 삶
에 대한 '각성의 순간'이 여행중에 이루어질 수도 있다. 또 여행
중에 만나게 되는 낯선 사람들과 그들의 문화는 삶의 지혜를 심

어준다. 각기 다른 환경에서 다른 모습으로 살아가는 사람들의 삶은 매우 중요한 교육자료가 된다. 그래서 아이들에게는 시간이 허락하는 대로 다양한 여행의 기회를 제공해주는 것이 좋다.

여행이라고 해서 부담스럽게 생각할 것도 없다. 짧게는 당일치기로 인근 도시를 다녀오는 것부터 시작해서 수목원이나 공원으로 다녀오는 피크닉도 여행이 될 수 있다. 아이들에게 평소 접해보지 못한 자연을 느낄 기회를 주는 것도 무척 가치 있는 일이다. 아이들과 함께 자연 속으로 나가면 그 안에서 보다 편안해지는 자신을 느낄 수 있도록 해주어야 한다. 최대한 편안한 자세로 느긋하게 자연을 즐기고 자신을 자연의 일부로 받아들이게 한다면 더욱 좋다. 그러기 위해서는 부모가 먼저 편안하게 자연을 즐기고, 소중하게 다룰 줄 알아야 한다. 자연이 주는 새로운 자극들을 어떤 식으로 받아들여야 하는지 아이들에게 살짝 힌트를 주는 것이다.

시간이 좀더 나면 3박 4일 정도 시간을 갖고 유적지나 문화 관광지를 다녀오는 것도 좋고, 여유가 있다면 해외여행도 좋은 경험이 된다. 교과서에 나오는 문학적 배경이나 역사의 흔적을 둘러보는 것도 좋다. 학교에서 수학여행을 계획하는 것도 이런 맥락에서 이루어지는 것이다.

여행지를 정할 때는 아이와 함께 충분한 대화를 거치는 것이 좋다. 평소 관심 있는 지역이 있는지, 가보고 싶은 곳은 없는지,

그곳에 가면 어떤 것들을 보고 싶은지 아이의 의견을 물어보고 최대한 반영하여 여행 스케줄을 짜야 한다. 아이와 함께 여행을 계획할 때는 아이를 위한 여행이라는 점을 분명히 하고 아이가 이번 여행의 중심이 되도록 주의를 기울여야 한다.

해외여행은 이전에는 전혀 경험해보지 못한 이질적인 문화를 경험할 수 있다는 점 때문에 권장할 만하다. 이미 감수성이 무뎌져 버린 어른들에겐 별것 아닌 것들도 아이들에겐 굉장히 신선할 수도 있고 더러는 충격적인 현장을 경험하기도 할 것이다. 그러나 삶의 모습은 달라도 서로 사랑하고 가정을 이루며 이웃과 어울려 사는 것은 똑같다는 것도 가르쳐주어야 한다. 이런 과정을 통해 아이들은 나와 다른 사람을 받아들이는 법을 배우게 된다. 한참 감수성에 물이 오르고 정서발달이 급격히 이루어지는 시기에 이런 경험을 하게 하면 아이는 삶에 대해 보다 넓고 긴 안목을 갖게 된다.

여행을 할 때는 가능한 한 아이들이 작은 것이라도 사전에 준비하도록 하면 훨씬 큰 효과를 거둘 수 있다. 여행을 준비하는 과정 자체를 즐기면서 여행에 대한 기대감을 더할 수 있기 때문이다. 또한 여행을 할 때는 '아는 것만큼 보인다'는 사실을 기억하고 미리 여행지에 대한 사전지식을 쌓을 수 있게 해야 한다.

나아가 여행을 할 때는 아이가 직접 사진을 찍고 여행기록을 남기게 하는 것이 좋다. 사람의 기억은 시간이 가면 흐릿해지기 때문에 기록이 필요하다. 생생한 현장의 느낌을 그대로 담아 사진과 기록을 남겨두면 아이가 두고두고 추억하며 그날의 감회를 되새기게 될 것이다. 또, 이런 경험은 기행문을 쓸 때도 아주 중요한 자료가 된다. 책에서 배운 것과 직접 보고 내 발로 걸어본 감상의 차이점도 적어보게 하고, 이를 토대로 새로운 여행을 계획하게 하는 것도 아이의 호기심을 충족시키고 독립심을 자극하는 좋은 기회가 된다.

부모님의 일방적인 계획에 따라 여행사를 따라다니며 소극적인 여행이 되지 않도록 배려해야 한다. 여행은 목적지뿐만 아니라 그 과정 역시 소중한 교육의 장이기 때문이다. 또한 여행은 어떤 방식으로 접근하느냐, 어떤 목적을 두고 움직이느냐에 따라 같은 장소를 가더라도 전혀 다른 것이 될 수 있다. 우리 아이에게 필요한 것이 무엇인지, 어떻게 여행을 해야 최고의 양식이 될지 신중하게 생각해서 결정해야 한다.

자식농사는 일생일대의 초대형 프로젝트다

그냥 내버려두어도 잘 커가는 아이들이 있다. 정말 큰 복을 받은 부모의 이야기다. 나는 '밥만 해주고 학원비만 대주었는데 속도 썩이지 않고 잘도 커주었다'고 이야기하는 부모님들을 만날 때마다 부러움 반 경외감 반으로 바라보게 된다. 그러나 여러분의 아이들이 모두 이런 아이들일 수는 없다.

아이는 부모가 어떻게 하느냐에 따라서 슈퍼스타처럼 광채를 발휘하는 미래 인재로 성장할 수도 있지만, 결정적인 시기를 놓침으로써 자신의 가능성을 한 번도 깨닫지 못하고 그럭저럭 생을 마쳐버릴 수도 있다. 나는 이 차이가 아주 미세한 차이라고 생각한다. 아이가 한창 학교를 다닐 때 깨달음의 기회를 가질 수 있는 기회를 부모가 어느 정도 제공해주느냐에 따라 달라지는 것이다.

두 아이를 키우면서 내가 자식교육에 대해서 내리는 결론은 '방임은 안 된다'는 것이다. 물론 다른 분들의 경우는 '놓아서 키우면 된다'고 주장하는 분들도 계실 것이다. 내가 다시 초보 학부모의 위치에 놓이게 된다면 '체계적이고 지속적인 관리가 필요하다'는 믿음을 갖고 더 열성적으로 아이들 교육에 개입할 것이다. 부모가 이 2가지의 선택 가운데 어느 쪽을 택하느냐에 따라서 자녀의 교육 방법도 달라질 수 있고, 아이들의 미래도 달라질 수 있다.

모든 아이들은 저마다 다르다. 그렇기 때문에 일방적으로 이런 방법이 좋다거나 저런 방법이 좋다고 할 수는 없을 것이다. 이 책에서 제시한 나의 조언이 여러분의 자식 키우기 프로젝트에 유용한 재료가 되기를 바라는 마음이 간절하다. 이 책을 마칠 즈음에 만난 연설가 비키 힛지스가 주었던 인생에 대한 조언으로 자식 농사에 대한 조언을 충분히 갈음할 수 있을 것이다.

"살아온 세월을 돌아보며 '그렇게 했더라면 좋았을 텐데' 라고 말하고 싶습니까, 아니면 '그렇게 했으니 다행이야' 라고 말하고 싶습니까?"

당연히 여러분은, 지금도 그렇고 훗날도 늘 '그렇게 했으니 다행이야' 라고 말할 수 있도록 노력해야만 한다.

KI신서 1465

미래 인재로 키우는
우리 아이 10년 프로젝트

1판 1쇄 발행 2008년 9월 5일
1판 2쇄 발행 2008년 9월 25일

지은이 공병호 · 김난희 **펴낸이** 김영곤 **펴낸곳** (주)북이십일 21세기북스
기획 이승희 **편집** 홍우진 **디자인** 이예숙 **마케팅** 주명석 **영업** 윤지환
출판등록 2000년 5월 6일 제10-1965호
주소 (우413-756) 경기도 파주시 교하읍 문발리 파주출판단지 518-3
대표전화 031-955-2100 **팩스** 031-955-2151 **이메일** book21@book21.co.kr
홈페이지 www.book21.com **커뮤니티** cafe.naver.com/21cbook

값 10,000원
ISBN 978-89-509-1524-7 03370